अंतिम विचार

अंतिम विचार

हेनरी पोंकारे
(Henri Poincaré)

डी डी बुक्स
नवयुग के प्रकाशक

यह ध्यान रखना महत्वपूर्ण है कि यह पुस्तक एक अनुवाद है। प्रकाशक ने यथासंभव सटीक हिंदी अनुवाद प्रस्तुत करने का प्रयास किया है, लेकिन यह स्वीकार करना महत्वपूर्ण है कि कुछ व्याकरणिक या लेखन संबंधी त्रुटियाँ हो सकती हैं।
यदि आप ऐसी किसी भी त्रुटि का सामना करते हैं, तो कृपया प्रकाशक को नीचे दिए गए ईमेल पते पर सूचित करने में संकोच न करें।
यह स्पष्ट रूप से कहा गया है कि प्रकाशक का किसी भी पाठक को ठेस पहुँचने का कोई इरादा नहीं है, और न ही वे इस पुस्तक में मौजूद किसी भी त्रुटि के लिए कानूनी रूप से उत्तरदायी हैं।
यह टिप्पणी पाठकों को यह समझने में मदद करती है कि वे अनुवादित पाठ पढ़ रहे हैं और मूल पाठ से कुछ विसंगतियाँ हो सकती हैं। प्रकाशक त्रुटियों के लिए माफी माँगता है और पाठकों को उन्हें ठीक करने में मदद करने के लिए प्रोत्साहित करता है।

प्रथम प्रकाशित: *2024*

पुस्तक का नाम: *Final Thoughts (Illustrated) Hindi [***अंतिम विचार**]
लेखक: *Henri Poincaré*

चित्रण एवं अनुवाद डीडी बुक्स द्वारा किया गया।

मूल्य: 300/-
ISBN: **978-93-5957-726-5**
डीडी बुक्स द्वारा प्रकाशित
ईमेल: *ddsalesglobal@gmail.com*

विषय सूची

"अंतिम विचार" शीर्षक के तहत, हम यहाँ विभिन्न लेख और सम्मेलन एकत्र करते हैं जिन्हें श्री हेनरी पोंकारे ने स्वयं वैज्ञानिक दर्शन पर अपने कार्यों के चौथे खंड में शामिल करने का इरादा किया था। इस संग्रह में पिछले सभी संस्करण पहले ही प्रकाशित हो चुके थे।

किसी को भी उनकी उल्लेखनीय सफलता की याद दिलाना अनावश्यक है। आधुनिक गणितज्ञों में सबसे प्रतिष्ठित ने स्वयं को एक प्रतिष्ठित दार्शनिक के रूप में प्रकट किया, जिनकी पुस्तकें मानव विचारों को गहराई से प्रभावित करती हैं।

यह संभव है कि यदि हेनरी पोंकारे ने स्वयं इस खंड को प्रकाशित किया होता, तो उन्होंने कुछ समायोजन किए होते और कुछ पुनरावृत्तियों को समाप्त कर दिया होता। हालाँकि, हमने महसूस किया कि इस महान व्यक्ति की स्मृति के प्रति सम्मान के कारण उनके पाठ में कोई भी बदलाव वर्जित है।

इसके अलावा, हेनरी पोंकारे के काम के किसी भी अध्ययन के साथ इस खंड को जोड़ना अनावश्यक लग रहा था। इसका मूल्यांकन सभी विद्वानों ने किया है और कोई भी टिप्पणी इस असाधारण प्रतिभा की महिमा को बढ़ा नहीं सकी।

"अंतिम विचार" शीर्षक के तहत, हम यहाँ विभिन्न लेख और सम्मेलन एकत्र करते हैं जिन्हें श्री हेनरी पोंकारे ने स्वयं वैज्ञानिक दर्शन पर अपने कार्यों के चौथे खंड में शामिल करने का इरादा किया था। इस संग्रह में पिछले सभी संस्करण पहले ही प्रकाशित हो चुके थे।

किसी को भी उनकी उल्लेखनीय सफलता की याद दिलाना अनावश्यक है। आधुनिक गणितज्ञों में सबसे प्रतिष्ठित ने स्वयं को एक प्रतिष्ठित दार्शनिक के रूप में प्रकट किया, जिनकी पुस्तकें मानव विचारों को गहराई से प्रभावित करती हैं।

यह संभव है कि यदि हेनरी पोंकारे ने स्वयं इस खंड को प्रकाशित किया होता, तो उन्होंने कुछ समायोजन किए होते और कुछ पुनरावृत्तियों को समाप्त कर दिया होता। हालाँकि, हमने महसूस किया कि इस महान व्यक्ति की स्मृति के प्रति सम्मान के कारण उनके पाठ में कोई भी बदलाव वर्जित है।

इसके अलावा, हेनरी पोंकारे के काम के किसी भी अध्ययन के साथ इस खंड को जोड़ना अनावश्यक लग रहा था। इसका मूल्यांकन सभी विद्वानों ने किया है और कोई भी टिप्पणी इस असाधारण प्रतिभा की महिमा को बढ़ा नहीं सकी।

-जी एल बी

अध्याय 1
कानूनों का विकास

यह अध्याय प्राकृतिक नियमों के विकास की अवधारणा की पड़ताल करता है। इसकी शुरुआत इस चर्चा से होती है कि क्या प्राकृतिक नियम, जो दुनिया के विकास को नियंत्रित करते हैं, स्थिर रहते हैं या परिवर्तन के लिए अतिसंवेदनशील होते हैं। लेखक का सुझाव है कि जबकि वैज्ञानिक विकसित कानूनों के विचार को अस्वीकार कर सकते हैं, दार्शनिकों को इस अवधारणा का पता लगाने की स्वतंत्रता है।

फिर यह अध्याय समय के साथ भौतिक नियमों के बदलने की संभावना पर विचार करते हुए एक गणितज्ञ के परिप्रेक्ष्य पर प्रकाश डालता है। यह कारण और प्रभाव के बीच सुसंगत संबंध के रूप में कानूनों की अवधारणा पर चर्चा करता है और इन कानूनों को अंतर समीकरणों की एक प्रणाली के रूप में कैसे दर्शाया जा सकता है। लेखक का तर्क है कि हम अतीत के बारे में केवल यह मानकर ही जान सकते हैं कि कानून नहीं बदले हैं। यदि हम यह धारणा नहीं बनाते हैं, तो अतीत के बारे में प्रश्न अनसुलझे हो जाते हैं।

अध्याय इन कानूनों के अनुप्रयोग से उत्पन्न होने वाले विरोधाभासों की संभावना का भी पता लगाता है, जिससे यह निष्कर्ष निकलता है कि दुनिया को या तो नष्ट हो जाना चाहिए या अपने कानूनों को बदल देना चाहिए। यह सुझाव

देता है कि हम केवल उन अनंत संभावनाओं में से चुनकर विरोधाभासों से बच सकते हैं जो शारीरिक रूप से असंभव स्थितियों को बाहर करती हैं।

अंत में, अध्याय विभिन्न पर्यवेक्षकों के दृष्टिकोण से कानूनों की अवधारणा पर चर्चा करता है। यह सुझाव देता है कि जबकि दो पर्यवेक्षक अलग-अलग समय पर कानूनों की विभिन्न प्रणालियों का निर्माण कर सकते हैं, एक अधिक उन्नत बुद्धि इन्हें एक एकल, सुसंगत सूत्र में संश्लेषित कर सकती है। इस प्रकार, इस उन्नत पर्यवेक्षक के लिए, कानून नहीं बदले होंगे; यह केवल वे वैज्ञानिक होंगे जिन्हें अपूर्ण जानकारी थी।

संक्षेप में, यह अध्याय कानूनों की प्रकृति और विकास की एक विचारोत्तेजक खोज प्रस्तुत करता है, जो ब्रह्मांड की हमारी समझ में अद्वितीय और सार्थक अंतर्दृष्टि प्रदान करता है।

प्रकृति के नियमों की आकस्मिकता पर अपने काम में, एम बौट्रोक्स ने इस बात पर विचार किया कि क्या प्राकृतिक नियम परिवर्तन के प्रति संवेदनशील हैं। उन्होंने सवाल किया कि क्या जैसे-जैसे दुनिया विकसित होती है, नियम स्वयं, जो इस विकास को निर्देशित करते हैं, स्थिर रहते हैं। ऐसी धारणा को विद्वानों द्वारा स्वीकार किये जाने की संभावना नहीं है। उनके दृष्टिकोण से, इसे स्वीकार करने का अर्थ विज्ञान की वैधता और संभावना को नकारना होगा। हालाँकि, दार्शनिकों को ऐसे प्रश्न उठाने, उनके विभिन्न समाधानों का पता लगाने, उनके परिणामों की जाँच करने और वैज्ञानिकों की वैध मांगों के साथ उनका सामंजस्य स्थापित करने का अधिकार बरकरार है। आइए इस समस्या के कुछ पहलुओं पर गौर करें, जो हमें सख्त निष्कर्षों पर नहीं बल्कि विविध विचारों तक ले जाएँगे जो दिलचस्प साबित हो सकते हैं। यदि, रास्ते में, मैं कुछ संबंधित मुद्दों पर विस्तार से विचार करूँ, तो मुझे आपकी क्षमा की आशा है।

1

आइए सबसे पहले एक गणितज्ञ का दृष्टिकोण अपनाएँ। आइए, एक पल के लिए इस विचार पर विचार करें कि समय के साथ भौतिक नियमों में बदलाव आया है और विचार करें कि क्या हमारे पास इसका पता लगाने के साधन होंगे। सबसे पहले, हमें यह नहीं भूलना चाहिए कि मानव अस्तित्व और विचार की कुछ शताब्दियाँ बहुत लंबे समय से पहले थीं जब मानव जाति का अस्तित्व ही नहीं था। इसी प्रकार, हमारी प्रजाति के लुप्त होने के बाद निस्संदेह भविष्य में युग आएँगे।

यदि हम कानूनों को विकसित करने के विचार पर विचार करते हैं, तो यह प्रक्रिया अत्यधिक धीमी होनी चाहिए। इस प्रकार, मानव विचार की संक्षिप्त अवधि के दौरान, प्रकृति के नियमों में केवल मामूली परिवर्तन ही हो सके। यदि वास्तव में वे अतीत में विकसित हुए हैं, तो यह भूवैज्ञानिक अतीत में रहा होगा। क्या पहले भी कानून वैसे ही थे जैसे आज हैं? क्या वे भविष्य में भी वैसे ही रहेंगे? जब हम ऐसे प्रश्न पूछते हैं, तो हमें इस पर विचार करना चाहिए कि "पहले," "आज," और "कल" का क्या अर्थ है। आज का दिन इतिहास में दर्ज समय का प्रतीक है; पूर्व में दर्ज इतिहास से पहले के लाखों वर्षों को संदर्भित करता है, जिसमें इचिथ्योसोर जैसे जीव रहते थे; कल आने वाले लाखों वर्षों का प्रतीक है, जब पृथ्वी ठंडी हो जाएगी और जीवन से रहित हो जाएगी।

जैसा कि कहा गया है, कानून वास्तव में क्या है? यह कारण और प्रभाव के बीच, दुनिया की वर्तमान स्थिति और इसके तत्काल बाद की स्थिति के बीच एक सतत संबंध है। यदि हम ब्रह्मांड के प्रत्येक भाग की वर्तमान स्थिति को जानते हैं, तो सभी प्राकृतिक नियमों का ज्ञान रखने वाला एक आदर्श वैज्ञानिक निश्चित नियमों के साथ इन भागों की भविष्य की स्थिति का अनुमान लगा सकता है। हम इस प्रक्रिया को अनिश्चित काल तक जारी रखने की कल्पना कर सकते हैं। सोमवार को दुनिया की स्थिति से, हम मंगलवार की स्थिति का अनुमान लगाते हैं; मंगलवार की स्थिति जानने के बाद, हम बुधवार का परिणाम निकालते हैं, इत्यादि। लेकिन बात यहीं ख़त्म नहीं होती यदि सोमवार और मंगलवार के बीच एक निरंतर संबंध है, तो हम सोमवार से मंगलवार को घटा सकते हैं। यह प्रक्रिया मूलतः प्रतिवर्ती है।

चूँकि हम यहाँ एक गणितज्ञ के दृष्टिकोण को अपना रहे हैं, इसलिए इस अवधारणा को सटीकता के साथ प्रदान करना उचित है, भले ही इसमें गणितीय भाषा का उपयोग शामिल हो। हम कह सकते हैं कि सभी कानून ब्रह्मांड के विभिन्न तत्वों के परिवर्तन की दरों को उनके वर्तमान मूल्यों से जोड़ने वाले अंतर समीकरणों की एक प्रणाली के बराबर हैं।

ऐसी प्रणाली, जैसा कि हम जानते हैं, में अनंत संख्या में समाधान होते हैं। हालाँकि, यदि हम सभी तत्वों के प्रारंभिक मूल्यों को जानते हैं – वर्तमान समय में उनके मूल्य – तो समाधान पूरी तरह से निर्धारित हो जाता है। यह हमें किसी भी समय, चाहे भविष्य में हो या अतीत में, सभी तत्वों के मूल्यों की गणना करने की अनुमति देता है। समझने वाली महत्वपूर्ण बात यह है कि अतीत को वर्तमान से निकालने की प्रक्रिया भविष्य को निकालने से अलग नहीं है।

तो फिर, हमारे पास भूवैज्ञानिक अतीत को जानने का क्या मतलब है – उस समय का इतिहास जब कानून भिन्न-भिन्न रहे होंगे? हम इस अतीत का सीधे अवलोकन नहीं कर सकते; हम इसे केवल इसके द्वारा छोड़े गए निशानों के माध्यम से जानते हैं। हम इसे वर्तमान के माध्यम से जानते हैं और हम इसे केवल वर्णित प्रक्रिया का उपयोग करके ही अनुमान लगा सकते हैं, जो हमें भविष्य का अनुमान लगाने की भी अनुमति देता है। हालाँकि, क्या यह प्रक्रिया कानूनों में बदलाव को उजागर करने में सक्षम है? स्पष्टः नहीं। हम इसे केवल यह मानकर सटीक रूप से लागू कर सकते हैं कि कानून स्थिर बने हुए हैं। उदाहरण के लिए, हम केवल सोमवार की स्थिति और रविवार की स्थिति को सोमवार से जोड़ने वाले नियमों को जानते हैं। इन नियमों को लागू करने से रविवार का हाल पता चल जाता है। लेकिन शनिवार की स्थिति का अनुमान लगाने के लिए, हमें यह

मान लेना चाहिए कि वही नियम, जो हमें सोमवार से रविवार तक जाने की अनुमति देते थे, रविवार और शनिवार के बीच भी मान्य हैं। इस धारणा के बिना, हम केवल यही निष्कर्ष निकाल सकते हैं कि यह जानना असंभव है कि शनिवार को क्या हुआ था। इसलिए, यदि कानूनों की अपरिवर्तनीयता हमारे तर्क में अंतर्निहित है, तो यह हमारे निष्कर्षों में भी प्रतिबिंबित होनी चाहिए।

उदाहरण के लिए, लेवेरियर, वर्तमान ग्रहों की कक्षाओं से लैस, न्यूटन के नियम का उपयोग करके 10,000 वर्षों में उनकी स्थिति की गणना करता है। उनके दृष्टिकोण के बावजूद, उन्हें कभी भी इस बात का सबूत नहीं मिलेगा कि कुछ हज़ार वर्षों में न्यूटन का नियम झूठा होगा। अपने सूत्रों में समय के संकेत को बदलकर, वह 10,000 साल पहले ग्रहों की स्थिति की गणना कर सकते थे। फिर भी, वह पहले से निश्चित है कि उसे पता नहीं चलेगा कि न्यूटन का नियम कभी असत्य था।

संक्षेप में, हम अतीत के बारे में तब तक कुछ नहीं जान सकते जब तक हम यह न मान लें कि कानून नहीं बदले हैं। यदि हम यह धारणा बना लें तो कानून के विकास का प्रश्न ही नहीं उठता। यदि हम ऐसा नहीं करते हैं, तो अतीत से संबंधित सभी पूछताछों की तरह, यह प्रश्न भी अनसुलझा हो जाता है।

2

लेकिन कोई यह तर्क दे सकता है कि क्या ऐसा नहीं हो सकता कि पिछली प्रक्रिया को लागू करने से विरोधाभास पैदा हो या, यदि आप चाहें, तो हमारे विभेदक समीकरण कोई समाधान स्वीकार नहीं करते? यदि हमारे तर्क की शुरुआत में कानूनों की अपरिवर्तनीयता की धारणा, एक बेतुके परिणाम की ओर

ले जाती, तो हम 'प्रति बेतुका' प्रदर्शित करते कि वे विकसित हुए हैं, जबकि यह जानने में हमेशा के लिए शक्तिहीन रहते हैं कि किस दिशा में।

चूँकि हमारी प्रक्रिया प्रतिवर्ती है, हमने अभी जो चर्चा की है वह भविष्य पर भी लागू होती है। ऐसे मामले प्रतीत होते हैं जहाँ हम पुष्टि कर सकते हैं कि एक निश्चित तिथि से पहले, दुनिया को नष्ट हो जाना चाहिए या अपने कानूनों को बदल देना चाहिए। उदाहरण के लिए, यदि हमारी गणना इंगित करती है कि इस तिथि पर, जिन मात्राओं पर हम विचार कर रहे हैं उनमें से एक को अनंत होना चाहिए या भौतिक रूप से असंभव मान लेना चाहिए। नष्ट हो जाना या अपने नियमों को बदल देना लगभग एक ही बात है; हमारे कानूनों के बिना एक दुनिया हमारी दुनिया नहीं होगी – यह एक और होगी।

क्या यह संभव है कि वर्तमान दुनिया और उसके कानूनों का अध्ययन हमें समान विरोधाभासों से अवगत कराने वाले सूत्रों तक ले जाए? कानून अनुभव से प्राप्त होते हैं; यदि वे हमें दिखाते हैं कि रविवार की स्थिति सोमवार की स्थिति की ओर ले जाती है, तो ऐसा इसलिए है क्योंकि हमने दोनों स्थितियों का अवलोकन किया है। इस प्रक्रिया को जारी रखते हुए और एक दिन से दूसरे दिन तक निष्कर्ष निकालते हुए, हम मानते हैं कि ये सभी अवस्थाएँ भौतिक रूप से संभव हैं। यदि हमारा कोई भी सूत्र विरोधाभास से मुक्त नहीं था, तो इसका कारण यह था कि हम अनुभव से परे चले गए, नाजायज तरीके से अनुमान लगाया।

उदाहरण के लिए, मान लीजिए, हमने देखा कि कुछ परिस्थितियों में शरीर का तापमान प्रति दिन एक डिग्री गिर जाता है। यदि यह वर्तमान में 20 डिग्री सेल्सियस है, तो हम निष्कर्ष निकालेंगे कि 300 दिनों में, यह -280 डिग्री सेल्सियस होगा। हालाँकि, यह बेतुका और शारीरिक रूप से असंभव होगा,

क्योंकि -273°C पर परम शून्य होता है। इसका तात्पर्य क्या है? इससे पता चलता है कि शायद हमने देखे गए डेटा से परे गलत तरीके से निष्कर्ष निकाला है, यह मानते हुए कि कानून सार्वभौमिक रूप से लागू होता है। फिर भी, हम हमेशा एक ऐसा एक्सट्रपलेशन चुन सकते हैं जो अनंत संभावनाओं के बीच शारीरिक रूप से असंभव स्थितियों को बाहर कर देता है।

हम कानूनों को अपूर्ण रूप से जानते हैं; अनुभव केवल हमारे विकल्पों को सीमित करता है। यह हमें जिन कानूनों को चुनने की अनुमति देता है, उनमें से हम हमेशा कुछ ऐसे पाएँगे जो हमें विरोधाभासों की ओर नहीं ले जाते हैं जो हमें अपरिवर्तनीयता के खिलाफ निष्कर्ष निकालने के लिए मजबूर करते हैं। इस तरह के विकास को प्रदर्शित करने का यह साधन अभी भी हमारे पास नहीं है, चाहे यह यह प्रदर्शित करने के बारे में हो कि कानून बदल जाएँगे या वे बदल गए हैं।

3

इस समय, एक तथ्यात्मक तर्क प्रस्तुत किया जा सकता है। "आप दावा करते हैं कि कानूनों के ज्ञान का उपयोग करके वर्तमान से अतीत तक का पता लगाने की कोशिश में, हमें कभी भी विरोधाभास का सामना नहीं करना पड़ेगा। फिर भी, वैज्ञानिकों को कुछ ऐसी समस्याओं का सामना करना पड़ा है, जो उतनी आसानी से हल करने योग्य नहीं लगतीं, जितना आप बता रहे हैं। भले ही वे स्पष्ट विरोधाभास हों, आपके तर्क के अनुसार, ऐसे उदाहरण असंभव होने चाहिए।

चलिए तुरंत एक उदाहरण देते हैं यदि हम ऊष्मप्रवैगिकी के नियमों के आधार पर गणना करें कि सूर्य हमें अपनी गर्मी कब दे रहा है, तो हमें लगभग 50 मिलियन वर्ष मिलते हैं। लेकिन यह समयावधि भूवैज्ञानिकों के लिए पर्याप्त नहीं है; न केवल संगठित रूपों का विकास इतनी तेजी से नहीं हो सका – एक बिंदु

जिस पर हम बहस कर सकते हैं – बल्कि, उन पौधों या जानवरों के अवशेषों वाली परतों के जमाव के लिए भी, जो सूरज की रोशनी के बिना जीवित नहीं रह सकते थे, शायद दस गुना अधिक वर्षों की आवश्यकता थी।

इस विरोधाभास को संभव बनाने वाली बात यह है कि भूवैज्ञानिक साक्ष्य के पीछे का तर्क गणितज्ञ के तर्क से काफी भिन्न है। समान प्रभावों को देखकर, हम यह निष्कर्ष निकालते हैं कि कारण समान हैं। उदाहरण के लिए, वर्तमान में विद्यमान परिवारों से संबंधित जानवरों के जीवाश्म अवशेषों को खोजने से हम यह निष्कर्ष निकालते हैं कि जिस समय इन जीवाश्मों वाली परत बनी थी, उस समय इन जानवरों के अस्तित्व के लिए आवश्यक सभी स्थितियाँ एक साथ मौजूद थीं।

पहली नज़र में, यह उस गणितज्ञ के समान प्रतीत होता है, जिसका दृष्टिकोण हमने पहले अपनाया था। उन्होंने यह भी निष्कर्ष निकाला कि, अपरिवर्तित कानूनों के साथ, समान प्रभाव केवल समान कारणों से ही हो सकते हैं। फिर भी, एक महत्वपूर्ण अंतर है। आइए एक निश्चित क्षण और पिछले क्षण में दुनिया की स्थिति पर विचार करें। दुनिया की स्थिति या यहाँ तक कि इसका एक बहुत छोटा सा हिस्सा, अविश्वसनीय रूप से जटिल है और बड़ी संख्या में तत्वों पर निर्भर है। सरलता के लिए, मान लें कि केवल दो तत्व इस स्थिति को परिभाषित करते हैं। बाद के समय में, उदाहरण के लिए, ये डेटा ए और बी हो सकते हैं; पिछले क्षण में, ए और सी।

गणितज्ञ का सूत्र, जो सभी देखे गए कानूनों के साथ बनाया गया है, उसे बताता है कि राज्य ए केवल राज्य बी द्वारा निर्मित किया जा सकता है। लेकिन यदि वह डेटा में से केवल एक को जानता है, मान लीजिए ए, बिना यह जाने कि क्या इसके साथ दूसरा, बी भी है, तो उसका सूत्र उसे निष्कर्ष निकालने की

अनुमति नहीं देता अधिक से अधिक, यदि घटना ए और बी जुड़े हुए दिखाई देते हैं लेकिन सी से अपेक्षाकृत स्वतंत्र हैं, तो वह निष्कर्ष निकालेगा कि ए में बी है। लेकिन वह कभी भी एकल परिस्थिति ए से दोहरी परिस्थिति ए और बी का अनुमान नहीं लगाएगा। दूसरी ओर, भूविज्ञानी, निष्कर्ष निकाला कि प्रभाव केवल कारणों ए और बी के संयोजन से उत्पन्न हो सकता है, जो अक्सर इसे जन्म देते हैं। यदि वह 20 डिग्री सेल्सियस से नीचे जीवित रहने में असमर्थ परत में मोलस्क पाता है, तो वह अनुमान लगाएगा कि उस समय के समुद्र गर्म थे। लेकिन यदि कोई सहकर्मी उसी परत में अन्य जानवरों की खोज करता है जो 5 डिग्री सेल्सियस से ऊपर नष्ट हो जाएँगे, तो वह निष्कर्ष निकालेगा कि समुद्र ठंडे थे।

हम उम्मीद कर सकते हैं कि टिप्पणियाँ एक-दूसरे का खंडन नहीं करेंगी या विरोधाभास असंगत नहीं होंगे। फिर भी, अब हमें औपचारिक तर्क के नियमों द्वारा विरोधाभास के जोखिम के प्रति गारंटी नहीं दी जाती है। और हमें आश्चर्य हो सकता है कि क्या, भूवैज्ञानिकों की तरह तर्क करके, हमें एक दिन बेतुके परिणामों का सामना करना पड़ सकता है, जिससे हम यह निष्कर्ष निकालेंगे कि कानून परिवर्तनशील हैं।

4

मुझे यहाँ विषयांतर की अनुमति दें। हमने अभी देखा है कि भूविज्ञानी के पास एक ऐसा उपकरण है जो गणितज्ञ के पास नहीं है, जो उसे वर्तमान से अतीत तक निष्कर्ष निकालने की अनुमति देता है। वही उपकरण हमें वर्तमान से भविष्य तक का निष्कर्ष निकालने में सक्षम क्यों नहीं बनाता? अगर मैं देखूँ

एक बीस वर्षीय व्यक्ति, मुझे यकीन है कि वह बचपन से वयस्कता तक सभी चरणों से गुजर चुका है, यह दर्शाता है कि बीस वर्षों में पृथ्वी पर किसी भी

प्रलय ने जीवन को नष्ट नहीं किया है। लेकिन इससे यह साबित नहीं होता कि बीस वर्षों में एक भी नहीं होगा। जब भविष्य की बात आती है तो हमारे पास अतीत को समझने के लिए उपकरण नहीं होते हैं, जिससे भविष्य अतीत की तुलना में अधिक रहस्यमय दिखाई देता है।

मैं मदद नहीं कर सकता, लेकिन उस लेख का उल्लेख कर सकता हूँ जो मैंने संयोगवश लिखा था, जिसमें श्री लालांडे की राय को याद किया गया था कि यदि भविष्य अतीत से निर्धारित होता है, तो अतीत भविष्य से निर्धारित नहीं होता है। उनके अनुसार, एक कारण केवल एक ही प्रभाव उत्पन्न कर सकता है, जबकि एक ही प्रभाव कई अलग-अलग कारणों से उत्पन्न हो सकता है। यदि सत्य है, तो अतीत रहस्यमय होगा और भविष्य जानना आसान होगा।

मैं इस राय को नहीं अपना सका, लेकिन मैंने इसकी संभावित उत्पत्ति के बारे में बताया। कार्नोट का सिद्धांत हमें दिखाता है कि ऊर्जा, जिसे नष्ट नहीं किया जा सकता, नष्ट हो जाती है। तापमान बराबर होने लगता है और दुनिया एकरूपता या मृत्यु की ओर झुक जाती है। इसलिए कारणों में बड़े अंतर के परिणामस्वरूप प्रभावों में छोटे अंतर होते हैं। एक बार जब ये अंतर देखने के लिए बहुत छोटे हो जाते हैं, तो हम उन अंतरों को नहीं जान सकते जो पहले कारणों के बीच मौजूद थे, चाहे वे कितने भी बड़े क्यों न हों।

फिर भी, यह ठीक इसलिए है क्योंकि हर चीज़ मृत्यु की ओर बढ़ती है, इसलिए जीवन एक अपवाद है जिसे स्पष्टीकरण की आवश्यकता है। यदि किसी पहाड़ पर लुढ़कते पत्थर बेतरतीब ढंग से बिखरे हों, तो वे सभी घाटी में समा जायेंगे। सबसे नीचे किसी को ढूंढना एक सांसारिक प्रभाव है, जो हमें इसके पिछले इतिहास के बारे में कुछ नहीं बताता है। लेकिन अगर हमें शिखर के पास

कोई मिल जाए, तो हम निश्चिंत हो सकते हैं कि वह हमेशा से वहीं था – अन्यथा, वह नीचे लुढ़क गया होता। और मामला जितना अधिक असाधारण होगा हम और भी अधिक निश्चित हो सकते हैं, क्योंकि इसके संयोग से घटित होने की संभावना कम हो जाती है।

5

मैंने यह प्रश्न केवल संयोगवश उठाया है, इस पर कुछ विचार करना आवश्यक है, लेकिन मैं अपने विषय से बहुत दूर नहीं जाना चाहता। क्या यह संभव है कि भूवैज्ञानिकों के विरोधाभासों के कारण वैज्ञानिक कभी इस नतीजे पर पहुंचे कि कानून विकसित हो गए हैं? आइए पहले देखें कि केवल विज्ञान के युवाओं में ही वे सादृश्य द्वारा तर्क का उपयोग करते हैं, जिससे वर्तमान भूविज्ञान संतुष्ट होने के लिए बाध्य है। जैसे-जैसे वे विकसित होते हैं, वे उस स्थिति तक पहुंचते हैं जहाँ खगोल विज्ञान और भौतिकी पहले ही पहुंच चुके हैं, जहाँ गणित की भाषा में कानून बताए जा सकते हैं। उस दिन, हमने इस कार्य के आरंभ में जो कहा था वह बिना किसी प्रतिबंध के फिर से सत्य हो जाएगा। हालाँकि, कई लोगों का मानना है कि सभी विज्ञानों का एक के बाद एक, कमोबेश तेजी से, समान विकास होना तय है। यदि ऐसा होता, तो जो कठिनाइयाँ उत्पन्न हो सकती थीं, वे केवल अस्थायी होंगी, विज्ञान के बचपन से निकलते ही गायब हो जाना तय था।

लेकिन हमें इस अनिश्चित भविष्य की प्रतीक्षा करने की आवश्यकता नहीं है। सादृश्य द्वारा भूवैज्ञानिक के तर्क में क्या शामिल है? एक भूवैज्ञानिक तथ्य वर्तमान तथ्य से इतना मिलता-जुलता लगता है कि वह इस समानता को संयोग नहीं मान सकते। उनका केवल यह मानना है कि वह इसे यह मानकर समझा सकते हैं कि ये दोनों तथ्य पूरी तरह से समान परिस्थितियों में घटित हुए हैं। और वह कल्पना

करेगा कि स्थितियाँ समान थीं, इस विवरण को छोड़कर कि प्रकृति के नियम अंतराल में भिन्न होने के कारण, पूरी दुनिया पूरी तरह से अपरिचित होने की स्थिति में बदल गई होगी। एक ओर तो वह इस बात पर जोर देते थे कि तापमान एक समान ही रहा होगा, जबकि समस्त भौतिकी की उथल-पुथल के बाद, तापमान के प्रभाव बिल्कुल अलग हो गए होंगे, जिससे कि तापमान शब्द का सभी प्रकार का अर्थ खो गया होगा। जाहिर है, कुछ भी हो, ऐसी धारणा के साथ कभी नहीं होगा कि वह रुकेगा जिस तरह से वह तर्क की कल्पना करते हैं वह इसके बिल्कुल विपरीत है।

6

क्या होगा यदि मानवता हमारी कल्पना से अधिक समय तक टिकी रहे, इतने लंबे समय तक कि कानूनों को हमारी आंखों के सामने विकसित होते देखा जा सके? या फिर क्या इसके लिए इतने नाजुक उपकरण हासिल करने होंगे कि यह बदलाव, चाहे वह कितना भी धीमा क्यों न हो, कुछ पीढ़ियों के बाद ध्यान देने योग्य हो जाए? तब यह प्रेरण के द्वारा नहीं होगा, अनुमान के द्वारा हम कानूनों में होने वाले परिवर्तनों को जान सकेंगे, यह प्रत्यक्ष अवलोकन के द्वारा होगा। क्या पिछले तर्कों का सारा महत्व खत्म नहीं हो जाएगा? वे स्मृतियाँ जिनमें हमारे पूर्ववर्तियों के अनुभवों का वर्णन किया जाएगा, वे अभी भी अतीत के अवशेष ही होंगी, जो हमें केवल इस अतीत का अप्रत्यक्ष ज्ञान देंगी। इतिहासकार के लिए पुराने दस्तावेज़ वही हैं जो भूविज्ञानी के लिए जीवाश्म हैं और पुराने वैज्ञानिकों के कार्य केवल पुराने दस्तावेज़ होंगे। वे हमें इन वैज्ञानिकों के विचारों से केवल इस हद तक अवगत कराएँगे कि अतीत के मनुष्य हमारे जैसे ही थे। यदि दुनिया के नियम बदल गए, तो ब्रह्मांड के सभी हिस्सों को इसका असर भुगतना पड़ेगा और

मानवता बच नहीं पाएगी; भले ही वह नए वातावरण में जीवित रह सके, उसे उसके अनुकूल ढलने के लिए बदलाव करना होगा। और तब पुराने मनुष्यों की भाषा हमारी समझ से बाहर हो जाएगी; जिन शब्दों का उन्होंने प्रयोग किया, उनका अब हमारे लिए कोई अर्थ नहीं रह जाएगा या उनका अर्थ उनसे भिन्न होगा। क्या ऐसा पहले से ही नहीं हो रहा है, कुछ शताब्दियों के बाद, हालाँकि भौतिकी के नियम अपरिवर्तनीय बने हुए हैं?

और फिर हम हमेशा उसी दुविधा में पड़ जाते हैं: या तो अतीत के दस्तावेज़ हमारे लिए पूरी तरह से स्पष्ट रहेंगे और तब यह होगा कि दुनिया वही रहेगी और वे हमें कुछ और नहीं सिखा पाएँगे; अन्यथा वे अबूझ पहेली बन जाएँगे और वे हमें कुछ भी नहीं सिखा पाएँगे, यहाँ तक कि कानून विकसित हो गए हैं; हम भली-भांति जानते हैं कि उन्हें हमारे लिए एक मृत पत्र बनने में इतना समय नहीं लगता।

इसके अलावा, हमारी तरह, अतीत के मनुष्यों के पास कभी भी प्राकृतिक नियमों का केवल खंडित ज्ञान नहीं रहा होगा। हम अभी भी इन दोनों टुकड़ों को जोड़ने का एक तरीका ढूंढ लेंगे, भले ही वे बरकरार रहे हों; यह और भी अधिक तब है जब हमारे पास सबसे पुरानी छवि ही एक कमजोर, अनिश्चित और आधी मिटी हुई छवि बची है।

7

आइए अब एक और दृष्टिकोण लेते हैं। प्रत्यक्ष अवलोकन हमें जो नियम देता है, वे परिणामों के अलावा और कुछ नहीं होते। उदाहरण के लिए मैरियट का नियम लीजिए। अधिकांश भौतिकविदों के लिए, यह केवल गैसों के गतिज सिद्धांत का परिणाम है; गैसीय अणु काफी गति से चलते हैं, वे जटिल प्रक्षेप पथों का वर्णन करते हैं जिसके लिए हम सटीक समीकरण लिख सकते हैं यदि हमें

पता हो कि वे किस नियम के अनुसार एक-दूसरे को आकर्षित या प्रतिकर्षित करते हैं। संभाव्यता गणना के नियमों के अनुसार इन प्रक्षेप पथों के बारे में तर्क करके, हम यह प्रदर्शित कर सकते हैं कि गैस का घनत्व उसके दबाव के समानुपाती होता है।

इसलिए जो कानून अवलोकनीय निकायों को नियंत्रित करते हैं वे केवल आणविक कानूनों के परिणाम होंगे। उनकी सरलता केवल स्पष्ट होगी और एक अत्यंत जटिल वास्तविकता को छिपा देगी क्योंकि जटिलता को अणुओं की संख्या से ही मापा जाएगा। लेकिन यह निश्चित रूप से है क्योंकि यह संख्या बहुत बड़ी है, विस्तार से मतभेद एक-दूसरे की भरपाई करेंगे और हम सद्भाव में विश्वास करेंगे।

और अणु स्वयं शायद संसार हैं; उनके नियम भी शायद केवल परिणामी हैं और इसका कारण जानने के लिए हमें अणुओं के अणुओं तक जाना होगा, बिना यह जाने कि हम कहाँ रुकेंगे।

अवलोकनीय नियम दो चीज़ों पर निर्भर करते हैं, आणविक नियम और अणुओं की व्यवस्था। यह आणविक नियम हैं जो अपरिवर्तनीयता का आनंद लेते हैं क्योंकि वे सच्चे कानून हैं और अन्य केवल दिखावे हैं। लेकिन अणुओं की व्यवस्था बदल सकती है और इसके साथ ही अवलोकन योग्य नियम भी। और यह कानूनों के विकास में विश्वास करने का एक कारण होगा।

8

आइए एक ऐसी दुनिया की कल्पना करें जिसके विभिन्न हिस्सों में इतनी उत्तम तापीय चालकता है कि वे लगातार तापमान संतुलन में रहते हैं। इस दुनिया के निवासियों को इस बात का कोई अंदाज़ा नहीं होगा कि हम तापमान का अंतर

क्या कहते हैं; उनकी भौतिकी संधियों में थर्मोमेट्री को समर्पित कोई अध्याय नहीं होगा। इसके अलावा, ये संधियाँ बहुत सारे कानूनों को पढ़ाने वाली, हमारी तुलना में कहीं अधिक सरल, पूर्ण हो सकती हैं।

अब आइए कल्पना करें कि यह संसार विकिरण द्वारा धीरे-धीरे ठंडा होता है; तापमान सभी जगह समान रूप से रहेगा, लेकिन समय के साथ इसमें कमी आएगी। मेरा मानना है कि इसका कोई निवासी सुस्ती में पड़ जाता है और कुछ शताब्दियों के बाद जाग जाता है; हम स्वीकार करेंगे, चूँकि हमने पहले ही बहुत सी बातें सोच ली हैं, कि वह ठंडी दुनिया में रह सकता है और उसे अतीत की बातें याद हैं। वह देखेगा कि उसके वंशज अभी भी भौतिकी संधियाँ कर रहे हैं, कि वे थर्मोमेट्री के बारे में बात नहीं करते हैं, लेकिन वे जो कानून पढ़ाते हैं वे उन कानूनों से बहुत अलग हैं जिन्हें वह जानता था। उदाहरण के लिए, उन्हें सिखाया गया था कि पानी 10 मिलीमीटर पारे के दबाव में उबलता है और नए भौतिक विज्ञानी देखेंगे कि इसे उबालने के लिए दबाव को 5 मिलीमीटर तक कम करना होगा। ऐसा शरीर जिसे वह कभी तरल के रूप में जानता था अब केवल ठोस अवस्था में ही दिखाई देगा, इत्यादि। ब्रह्माण्ड के विभिन्न भागों के आपसी संबंध तापमान पर ही निर्भर हैं और जैसे ही इसमें परिवर्तन होता है, सब कुछ अस्त-व्यस्त हो जाता है।

खैर, क्या हम जानते हैं कि क्या कोई भौतिक इकाई नहीं है, जो हमारे लिए उतनी ही अज्ञात है जितनी इस काल्पनिक दुनिया के निवासियों के लिए तापमान था? क्या हम जानते हैं कि क्या यह इकाई विकिरण द्वारा अपनी ऊष्मा खोने वाले ग्लोब के तापमान की तरह लगातार बदलती नहीं रहती है और क्या यह भिन्नता सभी नियमों में शामिल नहीं होती है?

९

आइए अपनी काल्पनिक दुनिया में वापस जाएँ और खुद से पूछें कि क्या इफिसस के स्लीपरों के इतिहास को नवीनीकृत किए बिना इसके निवासी इस विकास को महसूस नहीं कर सकते थे। इसमें कोई संदेह नहीं है, उनके ग्रह पर तापीय चालकता जितनी उत्तम हो सकती है, वह निरपेक्ष नहीं होगी, इसलिए बेहद मामूली तापमान अंतर अभी भी संभव होगा। वे लंबे समय तक अवलोकन से बचते रहेंगे, लेकिन शायद एक दिन, अधिक संवेदनशील मापने वाले उपकरणों की कल्पना की जाएगी और एक प्रतिभाशाली भौतिक विज्ञानी इन लगभग अगोचर अंतरों को उजागर करेगा। एक सिद्धांत बनाया जाएगा, यह देखा जाएगा कि इन तापमान अंतरों का सभी भौतिक घटनाओं पर प्रभाव पड़ता है और अंततः कुछ दार्शनिक, जिनके विचार उनके अधिकांश समकालीनों को जोखिम भरे और साहसी लगेंगे, पुष्टि करेंगे कि ब्रह्मांड का औसत तापमान हो सकता है अतीत में और इसके साथ सभी ज्ञात कानूनों में विविधता रही है। क्या हम भी कुछ ऐसा नहीं कर सकते? उदाहरण के लिए, यांत्रिकी के मौलिक नियमों को लंबे समय से निरपेक्ष माना जाता रहा है। आज, कुछ भौतिक विज्ञानी कहते हैं कि उन्हें संशोधित किया जाना चाहिए या यूँ कहें कि विस्तारित किया जाना चाहिए; कि वे केवल उस गति के लिए लगभग सत्य हैं जिसके हम आदी हैं; कि वे प्रकाश की तुलना में गति के लिए सत्य नहीं रहेंगे; और वे रेडियम का उपयोग करके किए गए कुछ प्रयोगों से अपने विचार का समर्थन करते हैं। गतिशीलता के पुराने नियम हमारे आसपास की दुनिया के लिए व्यावहारिक रूप से सत्य हैं। लेकिन क्या यह कुछ तर्क के साथ नहीं कहा जा सकता कि ऊर्जा के निरंतर अपव्यय के कारण, पिंडों की गति कम हो गई होगी, क्योंकि उनकी गतिज ऊर्जा गर्मी में परिवर्तित हो गई

थी; क्या अतीत में काफी पीछे जाने पर कोई ऐसा समय मिलेगा जब प्रकाश की तुलना में गति असाधारण नहीं थी और इसलिए गतिशीलता के शास्त्रीय नियम अभी तक सत्य नहीं थे?

दूसरी ओर, मान लीजिए कि अवलोकन योग्य कानून केवल परिणामी हैं, जो आणविक कानूनों और अणुओं की व्यवस्था दोनों पर निर्भर करते हैं; जब विज्ञान की प्रगति हमें इस निर्भरता से परिचित कराती है, तो हम निस्संदेह यह निष्कर्ष निकाल सकते हैं कि, स्वयं आणविक नियमों के आधार पर, अतीत में अणुओं की व्यवस्था आज की तुलना में भिन्न रही होगी और परिणामस्वरूप अवलोकन योग्य कानून हमेशा से भिन्न नहीं रहे होंगे वैसा ही रहा इसलिए हम कानूनों की परिवर्तनशीलता पर निष्कर्ष निकालेंगे, लेकिन, ध्यान दें, यह उनकी अपरिवर्तनीयता के सिद्धांत के आधार पर ही होगा। हम पुष्टि करेंगे कि स्पष्ट कानून बदल गए हैं, लेकिन ऐसा इसलिए होगा क्योंकि आणविक कानून, जिन्हें अब हम सच्चे कानून के रूप में मानेंगे, अपरिवर्तनीय घोषित किए जाएँगे।

10

इस प्रकार, ऐसा एक भी कानून नहीं है जिसके बारे में हम निश्चितता के साथ कह सकें कि यह अतीत में हमेशा उसी सन्निकटन के साथ सत्य रहा है जैसा कि आज है, मैं और अधिक कहूंगा, इस निश्चितता के साथ कि हम कभी भी यह प्रदर्शित नहीं कर पाएँगे कि यह गलत था पिछले। और फिर भी, ऐसा कुछ भी नहीं है जो वैज्ञानिक को अपरिवर्तनीयता के सिद्धांत में अपना विश्वास बनाए रखने से रोक सके, क्योंकि कोई भी कानून कभी भी क्षणभंगुर कानून की श्रेणी में नहीं आएगा, केवल किसी अन्य कानून द्वारा प्रतिस्थापित किया जाएगा जो अधिक सामान्य और व्यापक है; कि इस नये कानून के आने से उसे अपनी बेइज्जती भी

नहीं होगी, जिससे कोई व्यवधान नहीं होगा और सिद्धांत सुरक्षित रहेंगे; कि उनके माध्यम से ही परिवर्तन होंगे और ये क्रांतियाँ उनकी एक सशक्त पुष्टि प्रतीत होंगी।

ऐसा भी नहीं होगा कि विविधताओं को प्रयोग या प्रेरण द्वारा देखा जाएगा और फिर बाद में हर चीज़ को कमोबेश कृत्रिम संश्लेषण में फिट करने की कोशिश करके समझाया जाएगा। नहीं, यह संश्लेषण होगा जो पहले आएगा और यदि हम विविधताओं को स्वीकार करते हैं, तो इसे परेशान करने से बचना होगा।

11

अब तक, हम इस बात से चिंतित नहीं थे कि क्या कानून वास्तव में भिन्न होते हैं, बल्कि केवल इस बात से चिंतित थे कि क्या मनुष्य उन्हें परिवर्तनशील मान सकते हैं। क्या नियमों को उस दिमाग के बाहर अस्तित्व में माना जाता है जो उन्हें बनाता या देखता है, अपने आप में अपरिवर्तनीय है? प्रश्न न केवल अनसुलझा है, बल्कि इसका कोई मतलब भी नहीं है। यह पूछने का क्या मतलब है कि क्या चीजों की दुनिया में कानून समय के साथ अलग-अलग हो सकते हैं, जबकि ऐसी दुनिया में समय की अवधारणा अर्थहीन हो सकती है? हम इस बारे में कुछ नहीं कह सकते कि यह दुनिया क्या है या क्या सोचती है, लेकिन केवल इस बारे में कि यह कैसी दिखती है या ऐसी बुद्धि को दिखाई दे सकती है जो हमारी दुनिया से बहुत अलग नहीं है।

इस प्रकार प्रस्तुत प्रश्न का समाधान है। यदि हम अपने जैसे दो दिमागों पर विचार करें जो दो अलग-अलग तिथियों पर ब्रह्मांड का अवलोकन कर रहे हैं, उदाहरण के लिए लाखों वर्षों से अलग, तो इनमें से प्रत्येक दिमाग एक विज्ञान का निर्माण करेगा, जो देखे गए तथ्यों से उत्पन्न कानूनों की एक प्रणाली होगी। यह संभव है कि ये विज्ञान बहुत भिन्न होंगे और इस अर्थ में कोई कह सकता है

कि कानून विकसित हो गए हैं। लेकिन अंतर कितना भी बड़ा क्यों न हो, कोई भी हमेशा हमारे जैसी ही प्रकृति की बुद्धिमत्ता की कल्पना कर सकता है, लेकिन बहुत अधिक दायरे के साथ या लंबे जीवन के लिए नियत, जो एक एकल, पूरी तरह से सुसंगत सूत्र में संश्लेषण और संयोजन करने में सक्षम होगी। वे दो खंडित और अनुमानित सूत्र जिन तक दो अल्पकालिक शोधकर्ता अपने अल्प समय में ही पहुंच गए थे। इसके लिए, कानून नहीं बदले होंगे, विज्ञान अपरिवर्तनीय होगा, केवल वैज्ञानिक ही अपूर्ण रूप से सूचित होंगे।

एक ज्यामितीय तुलना लेने के लिए, मान लीजिए कि हम एक विश्लेषणात्मक वक्र द्वारा दुनिया की विविधताओं का प्रतिनिधित्व कर सकते हैं। हममें से प्रत्येक इस वक्र का केवल एक बहुत छोटा चाप ही देख सकता है; यदि वह इसे ठीक से जानता, तो यह उसके लिए वक्र के समीकरण को स्थापित करने और इसे अनिश्चित काल तक बढ़ाने में सक्षम होने के लिए पर्याप्त होगा। लेकिन उसके पास यह चाप नहीं है, केवल अपूर्ण ज्ञान है और वह इस समीकरण के बारे में गलत हो सकता है: यदि वह वक्र का विस्तार करना चाहता है, तो वह जो रेखा खींचेगा वह वास्तविक वक्र से और भी अधिक भटक जाएगी क्योंकि ज्ञात चाप कम होगा विस्तारित और हम इस चाप के विस्तार को और आगे बढ़ाना चाहेंगे। एक अन्य पर्यवेक्षक केवल दूसरे चाप को ही जानेगा और उसे केवल अपूर्ण रूप से ही जानेगा।

जब तक दोनों कर्मचारी एक-दूसरे से दूर हैं, ये दो एक्सटेंशन जिन्हें वे ट्रेस करते हैं, कनेक्ट नहीं होंगे; लेकिन इससे यह साबित नहीं होता है कि लंबी दृष्टि वाला एक पर्यवेक्षक, जो सीधे तौर पर वक्र की अधिक लंबाई का अनुभव करेगा, ताकि एक ही समय में इन दो चापों को गले लगा सके, अधिक सटीक समीकरण

लिखने में सक्षम नहीं होगा और जो उनका समाधान करेगा भिन्न सूत्र; और भले ही, वास्तविक वक्र कितना भी विचित्र क्यों न हो, हमेशा एक विश्लेषणात्मक वक्र होगा, जो जितनी लंबी लंबाई में चाहे, उससे उतना ही कम विचलित होगा जितना कोई चाहे।

इसमें कोई संदेह नहीं है कि कई पाठक यह देखकर आश्चर्यचकित रह जाएँगे कि हर पल मैं दुनिया को सरल प्रतीकों की प्रणाली से प्रतिस्थापित करता प्रतीत होता हूँ। यह केवल पेशेवर गणितज्ञ की आदत से बाहर नहीं है; मेरे विषय की प्रकृति ने मुझ पर यह रवैया बिल्कुल थोप दिया। बर्गसोनियन दुनिया में कोई कानून नहीं है; जो हो सकता है वह केवल विद्वानों के पास इसकी कमोबेश विकृत छवि है। जब हम कहते हैं कि प्रकृति नियमों द्वारा शासित होती है, तो हमारा मतलब यह है कि यह चित्र अभी भी काफी समान है। इसलिए यह उन पर और केवल उन्हीं पर है कि हमें तर्क करना होगा, अन्यथा हम कानून के उस विचार को गायब होते देखेंगे जो हमारे अध्ययन का उद्देश्य था। अब इस छवि को खंडित किया जा सकता है; हम इसे तत्वों में विभाजित कर सकते हैं, एक दूसरे से बाहरी क्षणों को, स्वतंत्र भागों में अलग कर सकते हैं। अगर मैंने कभी-कभी इन तत्वों को अतिसरलीकृत कर दिया है और बहुत कम कर दिया है, तो यह केवल डिग्री का मामला है: इससे मेरे तर्क की प्रकृति और उनके दायरे में कुछ भी बदलाव नहीं आया है; एक्सपोज़र बस संक्षिप्त हो गया।

अध्याय 2
स्थान और समय

यह अध्याय अंतरिक्ष और समय की जटिल अवधारणाओं पर प्रकाश डालता है, पारंपरिक धारणाओं को चुनौती देता है और प्रस्तावित करता है कि वे पूर्ण नहीं बल्कि सापेक्ष निर्माण हैं। यहाँ मुख्य बातें दी गई हैं:

अंतरिक्ष और समय की सापेक्षता: सापेक्षता का सिद्धांत, जैसा कि लोरेंत्ज़ ने कल्पना की थी, अंतरिक्ष और समय की एक नई अवधारणा का सुझाव देता है। इसका तर्क है कि स्थान और समय हमारी धारणा और उन्हें मापने के लिए हमारे द्वारा उपयोग किए जाने वाले उपकरणों से संबंधित हैं। यदि सभी वस्तुओं और हमारे मापने के उपकरणों को उनकी पारस्परिक दूरियों को बदले बिना अंतरिक्ष के दूसरे क्षेत्र में ले जाया जाता है या यदि हमारी घड़ियों की गति सहित सभी घटनाएं धीमी हो जाती हैं, तो हम इसे नोटिस नहीं करेंगे।

अंतरिक्ष की भावना: अंतरिक्ष की भावना कुछ संवेदनाओं और कुछ आंदोलनों के बीच निरंतर जुड़ाव या इन आंदोलनों के प्रतिनिधित्व तक सीमित हो जाती है। इसका मतलब यह है कि जिन सदस्यों के साथ हम ये हरकतें करते हैं वे माप उपकरणों की भूमिका भी निभाते हैं।

मौलिक तत्वों के रूप में उपकरण: हमारे उपकरण, वे जो बच्चे प्रकृति के कारण हैं, वे जो वैज्ञानिक अपनी प्रतिभा के कारण हैं, उनमें मूलभूत तत्व के रूप

में ठोस शरीर और प्रकाश किरण हैं। ज्योमेट्री करने का मतलब है अपने उपकरणों यानी ठोस पिंड के गुणों का अध्ययन करना। एक परंपरा के रूप में ज्यामिति: ज्यामिति एक परंपरा है, जो सादगी के प्रति हमारे प्रेम और हमारे उपकरण हमें जो सिखाते हैं उससे बहुत अधिक न भटकने की हमारी इच्छा के बीच एक प्रकार का मोटा समझौता है। यह सम्मेलन स्थान और उत्तम उपकरण दोनों को परिभाषित करता है।

मापने योग्य समय: अंतरिक्ष की तरह समय को भी विद्वानों के लिए एक उपकरण बनने के लिए मापने योग्य बनना पड़ा। इसलिए समय के गुण केवल घड़ियों के गुण हैं जैसे अंतरिक्ष के गुण केवल मापने वाले उपकरणों के गुण हैं।

संक्षेप में, यह अध्याय हमें अंतरिक्ष और समय की हमारी समझ पर पुनर्विचार करने के लिए आमंत्रित करता है, यह सुझाव देता है कि वे पूर्ण संस्थाएं नहीं हैं, बल्कि सापेक्ष हैं और हमारे माप उपकरणों पर निर्भर हैं। यह परिप्रेक्ष्य हमारे आसपास की दुनिया के बारे में सोचने और समझने के नए तरीके खोलता है।

उन कारणों में से एक, जिसने मुझे उन प्रश्नों में से एक पर दोबारा विचार करने के लिए प्रेरित किया, जिनका मैं अक्सर समाधान करता था, यांत्रिकी के बारे में हमारे विचारों में हालिया क्रांति है। क्या सापेक्षता का सिद्धांत, जैसा कि लोरेंत्ज़ ने कल्पना की थी, हम पर अंतरिक्ष और समय की एक पूरी तरह से नई अवधारणा नहीं थोपेगा, जिससे हमें उन निष्कर्षों को छोड़ने के लिए मजबूर नहीं किया जाएगा जो स्थापित लग सकते हैं? क्या हमने यह नहीं कहा है कि ज्यामिति का निर्माण बिना किसी संदेह के अनुभव के अवसर पर मन द्वारा किया गया था, लेकिन अनुभव द्वारा थोपे बिना, इस तरह से कि एक बार स्थापित होने के बाद, यह संशोधन से प्रतिरक्षित है, नए हमलों की पहुंच से परे है। अनुभव? फिर भी, क्या जिन प्रयोगों पर नई यांत्रिकी आधारित है, उन्होंने इसे हिला नहीं दिया है? यह समझने के लिए कि इसका क्या अर्थ निकाला जाए, मुझे कुछ मूलभूत विचारों को संक्षेप में याद करना होगा जिन्हें मैंने अपने पिछले लेखों में उजागर करने की कोशिश की है।

सबसे पहले, मैं अंतरिक्ष की उस अनुमानित भावना की धारणा को खारिज कर दूंगा जो हमें पहले से मौजूद स्थान में हमारी संवेदनाओं को स्थानीयकृत करने के लिए प्रेरित करेगी, जिसकी धारणा सभी अनुभवों से पहले होगी और जो किसी भी अनुभव से पहले, अंतरिक्ष के सभी गुणों को धारण करेगी। जियोमीटर का स्थान वास्तव में अंतरिक्ष की यह कथित भावना क्या है? जब हम यह जानना

चाहते हैं कि क्या यह किसी जानवर के पास है, तो हम कौन सा प्रयोग करते हैं? हम वस्तुओं को इसकी पहुंच के भीतर रखते हैं और हम देखते हैं कि क्या यह बिना किसी हिचकिचाहट के उन तक पहुँचने के लिए आवश्यक गतिविधियां कर सकता है। और हम यह कैसे निर्धारित करें कि क्या अन्य मनुष्य अंतरिक्ष की इस मूल्यवान समझ से संपन्न हैं? ऐसा इसलिए है क्योंकि वे भी उन वस्तुओं तक पहुँचने के लिए अपनी मांसपेशियों को उचित रूप से सिकोड़ने में सक्षम हैं जिनकी उपस्थिति उन्हें कुछ संवेदनाओं से पता चलती है। जब हम अपनी चेतना में अंतरिक्ष की भावना का निरीक्षण करते हैं तो और क्या बचता है? यहाँ फिर से, विभिन्न संवेदनाओं की उपस्थिति में, हम जानते हैं कि हम ऐसी हरकतें कर सकते हैं जो हमें उन वस्तुओं तक पहुँचने की अनुमति देगी जिन्हें हम इन संवेदनाओं का कारण मानते हैं और इस तरह इन संवेदनाओं पर कार्य करते हैं, उन्हें गायब कर देते हैं या उन्हें तीव्र कर देते हैं; अंतर केवल इतना है कि इसे जानने के लिए, हमें वास्तव में ये गतिविधियाँ करने की आवश्यकता नहीं है; हमारे लिए उनकी कल्पना करना ही काफी है। अंतरिक्ष की यह भावना, जिसे व्यक्त करने में बुद्धि शक्तिहीन होगी, केवल अचेतन की गहराई में रहने वाली कोई शक्ति हो सकती है और यह शक्ति हमें इसके द्वारा होने वाले कार्यों के माध्यम से ही ज्ञात हो सकती है; और ये कृत्य बिल्कुल वही आंदोलन हैं जिनके बारे में मैंने अभी-अभी बात की है। इसलिए अंतरिक्ष की भावना कुछ संवेदनाओं और कुछ आंदोलनों के बीच निरंतर जुड़ाव या इन आंदोलनों के प्रतिनिधित्व तक सीमित हो जाती है।

अब, अंतरिक्ष सापेक्ष क्यों और किस हद तक है? यह स्पष्ट है कि यदि हमारे आस-पास की सभी वस्तुएं और हमारा शरीर, साथ ही हमारे मापने वाले उपकरण, उनकी पारस्परिक दूरियों को बदले बिना अंतरिक्ष के दूसरे क्षेत्र में ले जाए जाते,

तो हम इस पर ध्यान नहीं देते और वास्तव में यही होता है, क्योंकि पृथ्वी की गति हमें बिना एहसास हुए ही अपने साथ ले जाती है। यदि सभी वस्तुओं को एक ही अनुपात में बढ़ाया जाता और हमारे माप उपकरणों के साथ भी यही बात लागू होती, तो हमें कोई अंतर नज़र नहीं आता। इस प्रकार, न केवल हम अंतरिक्ष में किसी वस्तु की पूर्ण स्थिति को नहीं जान सकते हैं, इसलिए वाक्यांश "किसी वस्तु की पूर्ण स्थिति" का कोई अर्थ नहीं है और अन्य वस्तुओं के संबंध में केवल इसकी सापेक्ष स्थिति के बारे में बात करना उचित है, लेकिन वाक्यांश "किसी वस्तु का पूर्ण आकार," "दो बिंदुओं के बीच की पूर्ण दूरी," का कोई अर्थ नहीं है; हमें केवल दो मात्राओं के अनुपात, दो दूरियों के अनुपात के बारे में ही बात करनी चाहिए। लेकिन और भी कुछ है: मान लीजिए कि सभी वस्तुएं एक निश्चित कानून के अनुसार विकृत हैं, जो पिछले वाले की तुलना में अधिक जटिल है, एक पूरी तरह से मनमाने कानून के अनुसार और साथ ही हमारे माप उपकरण उसी कानून के अनुसार विकृत हैं; हम इसे भी नहीं समझ पाएँगे, इसलिए वह स्थान उससे भी अधिक सापेक्ष है जितना हम आमतौर पर मानते हैं। हम केवल वस्तुओं के आकार में परिवर्तन देख सकते हैं जो हमारे माप उपकरणों के आकार में एक साथ होने वाले परिवर्तनों से भिन्न होते हैं।

हमारे माप उपकरण ठोस पिंड हैं; या वे एक-दूसरे के संबंध में गतिमान कई ठोस पिंडों से बने होते हैं और जिनकी सापेक्ष गति हमें इन पिंडों पर रखे गए निशानों द्वारा, क्रमिक पैमाने पर चलने वाले सूचकांकों द्वारा इंगित की जाती हैं और इन संकेतों को पढ़ने से ही पता चलता है कि उपकरण बनाया जा रहा है इस्तेमाल किया गया। इसलिए हम जानते हैं कि हमारा उपकरण एक स्थिर ठोस के रूप में चला गया है या नहीं, क्योंकि इस मामले में प्रश्न में संकेत नहीं बदले हैं।

हमारे उपकरणों में वे चश्मे भी शामिल हैं जिनसे हम निशाना लगाते हैं, जिससे हम कह सकें कि प्रकाश किरण भी हमारे उपकरणों में से एक है।

क्या अंतरिक्ष के बारे में हमारा अंतर्ज्ञान हमें और अधिक सिखाएगा? हमने अभी देखा है कि यह कुछ संवेदनाओं और कुछ गतिविधियों के बीच एक निरंतर संबंध तक सीमित हो गया है। इसका मतलब यह है कि जिन सदस्यों के साथ हम ये हरकतें करते हैं, वे मापने वाले उपकरणों की भूमिका भी निभाते हैं, ऐसा कहा जा सकता है। ये उपकरण, जो वैज्ञानिकों की तुलना में कम सटीक हैं, रोजमर्रा की जिंदगी के लिए पर्याप्त हैं और इन्हीं की मदद से बच्चा, आदिम मनुष्य, अंतरिक्ष को मापता है या यूं कहें कि उस स्थान का निर्माण करता है जिससे वह अपने दैनिक जीवन की जरूरतों के लिए संतुष्ट रहता है। हमारा शरीर हमारा पहला मापक यंत्र है; दूसरों की तरह, यह एक-दूसरे के सापेक्ष गतिमान कई ठोस भागों से बना है और कुछ संवेदनाएँ हमें इन भागों की सापेक्ष गतिविधियों के प्रति सचेत करती हैं, ताकि, कृत्रिम उपकरणों की तरह, हम जान सकें कि क्या हमारा शरीर उसी तरह गति कर रहा है एक अपरिवर्तनीय ठोस या नहीं संक्षेप में, हमारे उपकरण, जो बच्चे प्रकृति के कारण हैं, जो वैज्ञानिक अपनी प्रतिभा के कारण हैं, उनमें मूलभूत तत्व ठोस शरीर और प्रकाश किरण हैं।

इन शर्तों के तहत, क्या अंतरिक्ष में ज्यामितीय गुण हैं जो इसे मापने के लिए उपयोग किए जाने वाले उपकरणों से स्वतंत्र हैं? जैसा कि हमने कहा है, यह बिना किसी चेतावनी के किसी भी विकृति से गुजर सकता है, अगर हमारे उपकरण भी इससे गुजरते हैं। वास्तव में, यह इसलिए अनाकार है, यह कठोरता के बिना एक ढीला रूप है, जिसे हर चीज पर लागू किया जा सकता है; इसकी अपनी कोई

संपत्ति नहीं है; ज्योमेट्री करने का मतलब है अपने उपकरणों यानी ठोस पिंड के गुणों का अध्ययन करना।

लेकिन फिर, चूँकि हमारे उपकरण अपूर्ण हैं, इसलिए हर बार पूर्ण होने पर ज्यामिति बदलनी चाहिए; बिल्डरों को विज्ञापन देने में सक्षम होना चाहिए: "मैं अपने प्रतिस्पर्धियों की तुलना में बहुत अधिक जगह प्रदान करता हूँ, बहुत सरल, बहुत अधिक सुविधाजनक, बहुत अधिक आरामदायक।" हम जानते हैं कि ऐसा नहीं है; हम यह कहने के लिए प्रलोभित होंगे कि ज्यामिति उन गुणों का अध्ययन है जो उपकरण यदि परिपूर्ण होते तो उनमें होते। लेकिन इसके लिए हमें यह जानना होगा कि एक आदर्श उपकरण क्या है और हम नहीं जानते क्योंकि ऐसा कोई नहीं है और हम आदर्श उपकरण को केवल ज्यामिति द्वारा परिभाषित कर सकते हैं, जो एक दुष्चक्र है। और फिर हम कहेंगे कि ज्यामिति उन कानूनों के एक सेट का अध्ययन है जो उन कानूनों से थोड़ा अलग है जिनका हमारे शरीर वास्तव में पालन करते हैं, लेकिन बहुत सरल, उन कानूनों का जो वास्तव में किसी भी प्राकृतिक वस्तु को नियंत्रित नहीं करते हैं, लेकिन जो दिमाग के लिए बोधगम्य हैं। इस अर्थ में, ज्यामिति एक परंपरा है, जो सादगी के प्रति हमारे प्रेम और हमारे उपकरण हमें जो सिखाते हैं उससे बहुत अधिक न भटकने की हमारी इच्छा के बीच एक प्रकार का मोटा समझौता है। यह सम्मेलन स्थान और उत्तम उपकरण दोनों को परिभाषित करता है।

अंतरिक्ष के बारे में हमने जो कहा है वह समय पर लागू होता है; मैं यहाँ समय के बारे में बात नहीं करना चाहता जैसा कि बर्गसन के शिष्यों ने इसकी कल्पना की है, इस अवधि के बारे में, जो सभी गुणवत्ता से मुक्त एक शुद्ध मात्रा होने से बहुत दूर है, इसलिए बोलने के लिए, गुणवत्ता ही है और जिसके विभिन्न भाग हैं,

जो अन्यत्र आंशिक रूप से एक दूसरे में प्रवेश करते हैं, गुणात्मक रूप से एक दूसरे से भिन्न होते हैं। यह अवधि विद्वानों के लिए साधन नहीं बन सकी; जैसा कि बर्गसन कहते हैं, यह केवल गहन परिवर्तन से गुज़रकर, स्थानिक बनकर ही इस भूमिका को निभाने में सक्षम था। वास्तव में, इसे मापने योग्य बनना था; जिसे मापा नहीं जा सकता वह विज्ञान की वस्तु नहीं हो सकती। हालाँकि, मापने योग्य समय भी अनिवार्य रूप से सापेक्ष है।

यदि सभी घटनाएँ धीमी हो जाएँ और यदि हमारी घड़ियों की गति के बारे में भी यही सच हो, तो हम इस पर ध्यान नहीं देंगे; और यह धीमा होने के नियम की परवाह किए बिना, बशर्ते कि यह सभी प्रकार की घटनाओं और सभी घड़ियों के लिए समान हो। इसलिए समय के गुण केवल घड़ियों के गुण हैं जैसे अंतरिक्ष के गुण केवल मापने वाले उपकरणों के गुण हैं।

निश्चित रूप से, यहाँ पाठ का एक संशोधित संस्करण है:

वह सब कुछ नहीं हैं; मनोवैज्ञानिक समय, बर्गसोनियन अवधि, जिसमें से वैज्ञानिक का समय उभरा, एक ही चेतना में घटित होने वाली घटनाओं को वर्गीकृत करने का कार्य करता है; दो मनोवैज्ञानिक घटनाओं को वर्गीकृत करना शक्तिहीन है जिनके रंगमंच में दो अलग-अलग चेतनाएँ हैं या लगभग दो भौतिक घटनाएँ हैं। एक घटना पृथ्वी पर घटती है, दूसरी सीरियस पर; हमें कैसे पता चलेगा कि पहला दूसरे से आगे है या साथ-साथ है या पीछे है? यह केवल सहमति से ही हो सकता है।

लेकिन हम समय और स्थान की सापेक्षता पर बिल्कुल अलग दृष्टिकोण से विचार कर सकते हैं। आइए हम उन कानूनों पर विचार करें जिनका दुनिया पालन करती है; उन्हें विभेदक समीकरणों द्वारा व्यक्त किया जा सकता है; हम ध्यान दें

कि यदि हम निर्देशांक के आयताकार अक्षों को बदलते हैं, तो ये समीकरण परिवर्तित नहीं होते हैं, जबकि ये अक्ष स्थिर रहते हैं; न तो यदि हम समय की उत्पत्ति को बदलते हैं, न ही यदि हम स्थिर आयताकार अक्षों को गतिशील आयताकार अक्षों से प्रतिस्थापित करते हैं, बल्कि जिनकी गति एक सीधा और एकसमान अनुवाद है। मुझे सापेक्षता को मनोवैज्ञानिक कहने की अनुमति दें यदि इसे पहले दृष्टिकोण से माना जाए और यदि इसे दूसरे दृष्टिकोण से देखा जाए तो इसे भौतिक कहा जाए। आप तुरंत देखते हैं कि सापेक्षता भौतिकी मनोवैज्ञानिक सापेक्षता की तुलना में कहीं अधिक प्रतिबंधित है। हमने कहा, उदाहरण के लिए, यदि हम सभी लंबाईयों को एक ही स्थिरांक से गुणा करें तो कुछ भी नहीं बदलेगा, बशर्ते कि गुणन एक ही समय में सभी वस्तुओं और सभी उपकरणों को कवर करता हो; हालाँकि, यदि हम सभी निर्देशांकों को एक ही स्थिरांक से गुणा करते हैं, तो यह संभव है कि हमारे अंतर समीकरण बदल जाएँगे। वे तब होंगे जब हम सिस्टम को घूमने वाली मोबाइल अक्षों से संबंधित करेंगे क्योंकि सामान्य केन्द्रापसारक बल और मिश्रित केन्द्रापसारक बल को पेश करना आवश्यक होगा; इस प्रकार फौकॉल्ट का प्रयोग पृथ्वी के घूर्णन को प्रदर्शित करने में सक्षम था। यहाँ कुछ ऐसा है जो अंतरिक्ष की सापेक्षता पर हमारे विचारों, मनोवैज्ञानिक सापेक्षता पर आधारित विचारों को झकझोर देता है और यह असहमति कई दार्शनिकों को शर्मनाक लगती है।

आइए प्रश्न को थोड़ा और करीब से देखें। दुनिया के सभी हिस्से एकजुट हैं और सीरियस चाहे कितना भी दूर क्यों न हो, हमारे बीच जो कुछ भी हो रहा है, उस पर निस्संदेह उसकी कुछ कार्रवाई है। इसलिए यदि हम दुनिया को नियंत्रित करने वाले अंतर समीकरण लिखना चाहते हैं, तो या तो ये समीकरण गलत होंगे

या फिर उन्हें पूरी दुनिया की स्थिति पर निर्भर रहना होगा। स्थलीय दुनिया के लिए समीकरणों की एक प्रणाली नहीं होगी और सीरियस की दुनिया के लिए दूसरी; केवल एक ही होगा जो संपूर्ण ब्रह्मांड पर लागू होगा। हालाँकि, हम सीधे तौर पर अंतर समीकरणों का अवलोकन नहीं करते हैं; हम जो देखते हैं वह परिमित समीकरण हैं जो देखने योग्य घटनाओं का तत्काल अनुवाद हैं और जिनसे विभेदन द्वारा विभेदक समीकरण निकाले जाते हैं। जब हम अक्षों में कोई परिवर्तन करते हैं जिसके बारे में हमने बात की है तो अंतर समीकरण नहीं बदलते हैं, लेकिन यह परिमित समीकरणों के लिए समान नहीं है; अक्षों का परिवर्तन वास्तव में हमें एकीकरण स्थिरांक को बदलने के लिए मजबूर करेगा। इसलिए सापेक्षता का सिद्धांत प्रत्यक्ष रूप से देखे गए परिमित समीकरणों पर लागू नहीं होता है बल्कि अंतर समीकरणों पर लागू होता है।

अब, हम परिमित समीकरणों से अवकल समीकरणों में कैसे जा सकते हैं जिनके वे अभिन्न अंग हैं? एकीकरण स्थिरांक के लिए जिम्मेदार मानों द्वारा एक दूसरे से भिन्न कई विशेष अभिन्नों को जानना आवश्यक है, फिर विभेदन द्वारा इन स्थिरांक को समाप्त करें; इनमें से केवल एक ही समाधान प्रकृति में साकार होता है, हालाँकि संभावनाएँ अनंत हैं; विभेदक समीकरण बनाने के लिए, न केवल उसे जानना आवश्यक होगा जिसे साकार किया गया है, बल्कि उन सभी को भी जानना आवश्यक है जो संभव हैं।

अब, यदि हमारे पास पूरे ब्रह्मांड पर लागू होने वाले कानूनों की केवल एक ही प्रणाली है, तो अवलोकन हमें केवल एक ही समाधान देगा, वह जो हासिल किया गया है; क्योंकि ब्रह्माण्ड केवल एक प्रति से ही बना है; और यह पहली कठिनाई है।

इसके अलावा, अंतरिक्ष की मनोवैज्ञानिक सापेक्षता के आधार पर, हम केवल वही देख सकते हैं जो हमारे उपकरण माप सकते हैं; उदाहरण के लिए, वे हमें तारों की दूरियाँ या विभिन्न पिंडों की दूरियाँ देंगे जिन पर हमें विचार करना है; वे हमें स्थिर या गतिशील अक्षों के संबंध में अपने निर्देशांक नहीं देंगे जिनका केवल विशुद्ध रूप से पारंपरिक अस्तित्व है। यदि हमारे समीकरणों में ये निर्देशांक शामिल हैं, तो यह एक कल्पना के माध्यम से है जो सुविधाजनक हो सकता है, लेकिन जो केवल एक कल्पना है; यदि हम चाहते हैं कि हमारे समीकरण जो हम देख रहे हैं उसका सीधे अनुवाद करें, तो हमारे स्वतंत्र चरों के बीच दूरियाँ दिखाई देनी होंगी और फिर ऐसा होगा कि अन्य चर स्वयं गायब हो जाएँगे। यह हमारा सापेक्षता का सिद्धांत होगा, लेकिन अब इसका कोई अर्थ नहीं है; इसका मतलब केवल यह है कि हमने अपने समीकरणों में सहायक, परजीवी चर पेश किए हैं, जो किसी भी ठोस चीज़ का प्रतिनिधित्व नहीं करते हैं और उन्हें खत्म करना संभव है।

यदि हम पूर्ण कठोरता का पालन नहीं करेंगे तो ये कठिनाइयाँ गायब हो जाएँगी। विश्व के विभिन्न भाग एक हैं, परंतु जब तक दूरी अधिक है, क्रिया इतनी कमज़ोर है कि हमें उसकी उपेक्षा करने का अधिकार है; और फिर हमारे समीकरणों को अलग-अलग प्रणालियों में विभाजित किया जाएगा, एक अकेले स्थलीय दुनिया पर लागू होगा, दूसरा सौर दुनिया पर और दूसरा सिरियस की दुनिया पर या यहाँ तक कि प्रयोगशाला तालिका जैसी बहुत छोटी दुनिया पर भी लागू होगा।

और फिर यह कहना अब सच नहीं है कि ब्रह्मांड केवल एक ही प्रतिलिपि से बना है; एक प्रयोगशाला में कई मेजें हो सकती हैं; स्थितियों को अलग-अलग

करके किसी प्रयोग को दोहराना संभव होगा; अब हम कोई अनोखा समाधान नहीं जान पाएँगे, केवल वही समाधान जान पाएँगे जिसे हासिल किया जा सकता है, बल्कि बड़ी संख्या में संभावित समाधान मिलेंगे और परिमित समीकरणों से विभेदक समीकरणों की ओर जाना आसान हो जाएगा।

दूसरी ओर, हम न केवल इन छोटी दुनियाओं में से एक के विभिन्न निकायों की पारस्परिक दूरियों को जानेंगे, बल्कि पड़ोसी छोटी दुनियाओं के निकायों से उनकी दूरी को भी जानेंगे। हम ऐसी व्यवस्था कर सकते हैं कि केवल सेकंड अलग-अलग हों, पहला स्थिर रहे। तब यह ऐसा होगा मानो हमने उन धुरी को बदल दिया है जिनसे पहली छोटी दुनिया संबंधित थी। तारे हमारी स्थलीय दुनिया पर ध्यान देने योग्य प्रभाव डालने के लिए बहुत दूर हैं, लेकिन हम उन्हें देखते हैं और उनके लिए धन्यवाद, हम इस स्थलीय दुनिया को इन सितारों से जुड़ी अक्षों से जोड़ सकते हैं; हमारे पास स्थलीय पिंडों की पारस्परिक दूरी और अक्षों की इस प्रणाली के संबंध में इन पिंडों के निर्देशांक दोनों को मापने का साधन है जो स्थलीय दुनिया के लिए विदेशी है। सापेक्षता का सिद्धांत इस प्रकार अर्थ प्राप्त करता है: यह सत्यापन योग्य हो जाता है।

हालाँकि, आइए देखें कि हमने यह परिणाम केवल कुछ कार्यों की उपेक्षा करके प्राप्त किया है और हालाँकि, हम अपने सिद्धांत को केवल अनुमानित नहीं मानते हैं; हम इसे एक निरपेक्ष मूल्य मानते हैं; वास्तव में, यह देखते हुए कि हमारी छोटी दुनिया एक-दूसरे से कितनी भी दूर क्यों न हो, यह सच है, हम यह कहने के लिए सहमत हैं कि यह ब्रह्मांड के सटीक समीकरणों के लिए सच है; और यह परिपाटी कभी भी ख़त्म नहीं होगी, क्योंकि संपूर्ण ब्रह्माण्ड पर लागू होने पर यह सिद्धांत अप्राप्य है।

आइए अब उस मामले पर लौटते हैं जिसके बारे में हमने पहले बात की थी; एक प्रणाली कभी-कभी स्थिर अक्षों से संबंधित होती है, कभी-कभी घूर्णनशील अक्षों से; क्या इसे नियंत्रित करने वाले समीकरण बदल जाएँगे? हाँ, सामान्य यांत्रिकी उत्तर देता है; क्या यह सही है? हम जो देखते हैं वह पिंडों के निर्देशांक नहीं हैं, बल्कि उनकी पारस्परिक दूरियाँ हैं; इसलिए, हम उन समीकरणों को बनाने की कोशिश कर सकते हैं जिनका ये दूरियां पालन करती हैं, अन्य मात्राओं को हटाकर, जो केवल परजीवी चर हैं और अवलोकन के लिए दुर्गम हैं। यह उन्मूलन सदैव संभव है; केवल, यदि हमने निर्देशांक संरक्षित किए होते, तो हम दूसरे क्रम के अंतर समीकरणों पर पहुंच गए होते; जो कुछ भी देखने योग्य नहीं है उसे समाप्त करने के बाद हम जो प्राप्त करेंगे वह तीसरे क्रम के विपरीत होगा, जिससे वे अधिक संख्या में संभावनाओं के लिए जगह छोड़ देंगे। इस संबंध में, सापेक्षता का सिद्धांत अभी भी इस मामले पर लागू होगा; जब हम स्थिर अक्षों से घूर्णनशील अक्षों की ओर बढ़ते हैं, तो ये तीसरे क्रम के समीकरण भिन्न नहीं होंगे। जो भिन्न होगा वह दूसरे क्रम के समीकरण होंगे जो निर्देशांक को परिभाषित करते हैं; अब, बोलने के लिए, बाद वाले, पूर्व के अभिन्न अंग हैं और जैसा कि विभेदक समीकरणों के सभी अभिन्नों में होता है, एक एकीकरण स्थिरांक होता है, यह वह स्थिरांक है जो स्थिर अक्षों से घूर्णन अक्षों पर जाने पर समान नहीं रहता है लेकिन, जैसा कि हम मानते हैं कि हमारा सिस्टम अंतरिक्ष में पूरी तरह से अलग है, जैसा कि हम इसे संपूर्ण ब्रह्मांड मानते हैं, हमारे पास यह जानने का कोई तरीका नहीं है कि यह घूमता है या नहीं; इसलिए यह तीसरे क्रम के समीकरण हैं जो हम जो देखते हैं उसे व्यक्त करते हैं।

संपूर्ण ब्रह्मांड पर विचार करने के बजाय, आइए अब हम अपनी अलग-अलग छोटी दुनियाओं पर विचार करें जो एक-दूसरे पर यांत्रिक कार्रवाई नहीं करती हैं, लेकिन एक-दूसरे के लिए दृश्यमान हैं; यदि इनमें से कोई एक संसार घूमता है, तो हम देखेंगे कि वह घूमता है; हम यह मानेंगे कि जिस स्थिरांक के बारे में हमने अभी बात की है, उसके लिए जिस मान को जिम्मेदार ठहराया जाना चाहिए, वह घूर्णन की गति पर निर्भर करता है और इस प्रकार यांत्रिकी द्वारा आमतौर पर अपनाई गई परंपरा उचित होगी।

इसलिए, हम देखते हैं कि भौतिक सापेक्षता के सिद्धांत का क्या अर्थ है; यह अब एक साधारण परिपाटी नहीं रही; यह सत्यापन योग्य है और इसलिए इसे सत्यापित नहीं किया जा सका; यह एक प्रायोगिक सत्य है और इस सत्य का अर्थ क्या है? पूर्ववर्ती विचारों से यह निष्कर्ष निकालना आसान है; इसका मतलब यह है कि जब ये दोनों शरीर एक दूसरे से अनिश्चित काल के लिए दूर चले जाते हैं तो दो निकायों की पारस्परिक क्रिया शून्य की ओर बढ़ जाती है; इसका मतलब है कि दो दूर की दुनियाएं ऐसा व्यवहार करती हैं मानो वे स्वतंत्र हों; और हम बेहतर ढंग से समझ सकते हैं कि भौतिक सापेक्षता के सिद्धांत का मनोवैज्ञानिक सापेक्षता के सिद्धांत की तुलना में कम विस्तार क्यों है; हमारे मन की प्रकृति के कारण यह अब कोई आवश्यकता नहीं है; यह एक प्रायोगिक सत्य है जिस पर अनुभव सीमाएं लगाता है।

भौतिक सापेक्षता के इस सिद्धांत का उपयोग अंतरिक्ष को परिभाषित करने के लिए किया जा सकता है; कहने को तो यह हमें एक नया मापक यंत्र उपलब्ध कराता है। मैं समझाता हूं: ठोस पिंड का उपयोग अंतरिक्ष को मापने या यूं कहें कि निर्माण करने के लिए कैसे किया जा सकता है? एक ठोस वस्तु को एक स्थान

से दूसरे स्थान पर ले जाकर, हमने माना कि इसे पहले एक आकृति पर और फिर दूसरी आकृति पर लागू किया जा सकता है और हम इन दोनों आकृतियों को समान मानने पर सहमत हुए। इस सम्मेलन से ज्यामिति का जन्म हुआ। इस प्रकार ठोस पिंड की प्रत्येक संभावित गति अंतरिक्ष के परिवर्तन के अनुरूप होती है। अपने आप में, आकृतियों के आकार और आकार में परिवर्तन नहीं करना; और ज्यामिति केवल इन परिवर्तनों के पारस्परिक संबंधों का ज्ञान है या गणितीय भाषा में कहें तो इन परिवर्तनों से बने समूह की संरचना का अध्ययन है, अर्थात ठोस पिंडों की गतिविधियों के समूह का अध्ययन।

जैसा कि कहा गया है, यहाँ एक और समूह है, उन परिवर्तनों का जो हमारे अंतर समीकरणों को नहीं बदलते हैं, यहाँ दो आंकड़ों की समानता को परिभाषित करने का एक और तरीका है; हम अब यह नहीं कहेंगे: दो आंकड़े बराबर हैं जब एक ही ठोस शरीर को एक और दूसरे पर लागू किया जा सकता है; हम कहेंगे: दो आंकड़े तब बराबर होते हैं जब एक ही यांत्रिक प्रणाली, पड़ोसी प्रणालियों से इतनी दूर हो कि उसे अलग-थलग माना जा सके, पहले इस तरह से रखा जाए कि उसके विभिन्न भौतिक बिंदु पहले आंकड़े को पुनः उत्पन्न करें और फिर इस तरह से जिस तरह से वे दूसरे को पुनः उत्पन्न करते हैं, फिर उसी तरह से व्यवहार करते हैं।

क्या दोनों अवधारणाएँ एक दूसरे से मूलतः भिन्न हैं? नहीं; एक ठोस पिंड अपने विभिन्न अणुओं के पारस्परिक आकर्षण और प्रतिकर्षण के प्रभाव में अपना आकार लेता है; और बलों की यह प्रणाली संतुलित होनी चाहिए। अंतरिक्ष को इस तरह से परिभाषित करना कि एक ठोस पिंड जब भी हिलता है तो अपना आकार बनाए रखता है, इसे इस तरह से परिभाषित करना है कि इस पिंड के

संतुलन समीकरण अक्षों के परिवर्तन से परिवर्तित नहीं होते हैं; हालाँकि, ये संतुलन समीकरण डायनेमिक्स के सामान्य समीकरणों का केवल एक विशेष मामला है, जो भौतिक सापेक्षता के सिद्धांत के अनुसार, अक्षों के इस परिवर्तन से संशोधित नहीं होना चाहिए।

एक ठोस शरीर किसी अन्य की तरह एक यांत्रिक प्रणाली है; अंतरिक्ष की हमारी पुरानी परिभाषा और नई परिभाषा के बीच एकमात्र अंतर यह है कि यह व्यापक है, इस अर्थ में कि यह ठोस शरीर को किसी अन्य यांत्रिक प्रणाली द्वारा प्रतिस्थापित करने की अनुमति देता है। इसके अलावा, नया सम्मेलन न केवल स्थान को परिभाषित करता है, बल्कि समय को भी परिभाषित करता है। यह हमें सिखाता है कि एक साथ दो क्षण क्या होते हैं, दो समान समय क्या होते हैं या जब एक समय दूसरे समय को दोगुना कर देता है।

एक अंतिम टिप्पणी: भौतिक सापेक्षता का सिद्धांत, जैसा कि हमने कहा है, एक प्रायोगिक तथ्य है, उसी तरह जैसे प्राकृतिक ठोस पदार्थों के गुण; इस प्रकार, यह निरंतर पुनरीक्षण के प्रति संवेदनशील है। ज्यामिति को इस संशोधन से बचना चाहिए; इसके लिए, इसे फिर से एक सम्मेलन बनना होगा और सापेक्षता के सिद्धांत को एक सम्मेलन के रूप में माना जाना चाहिए। इसका प्रायोगिक अर्थ क्या है, यह हम बता चुके हैं; इसका मतलब यह है कि जब दो बहुत दूर प्रणालियों की दूरी अनिश्चित काल तक बढ़ जाती है तो उनकी पारस्परिक क्रिया शून्य की ओर बढ़ जाती है; अनुभव हमें सिखाता है कि यह कमोबेश सच है। यह हमें यह नहीं सिखा सकता कि यह बिल्कुल सच है, क्योंकि दोनों प्रणालियों की दूरी हमेशा सीमित रहेगी। लेकिन कोई भी चीज़ हमें यह मानने से नहीं रोकती कि यह पूरी तरह सच है; कुछ भी हमें ऐसा करने से नहीं रोकेगा, भले ही अनुभव ने सिद्धांत

को स्पष्ट रूप से नकार दिया हो। मान लीजिए कि जब हम दूरी बढ़ाते हैं तो पारस्परिक क्रिया कम होने के बाद फिर बढ़ने लगती है; हमें यह स्वीकार करने से कोई नहीं रोक सकता कि इससे भी अधिक दूरी तक, यह फिर से घट कर अंततः शून्य की ओर बढ़ जाएगा। तभी सिद्धांत स्वयं को एक परिपाटी के रूप में हमारे सामने प्रस्तुत करता है, जो इसे अनुभव के हमलों से दूर करता है। यह एक परंपरा है जो हमें अनुभव द्वारा सुझाई गई है, लेकिन हम इसे स्वतंत्र रूप से अपनाते हैं।

तो फिर वह कौन सी क्रांति है जो भौतिकी में हालिया प्रगति के कारण हुई है? सापेक्षता के सिद्धांत को, उसके पुराने स्वरूप में, त्यागना पड़ा; इसे सापेक्षता के लोरेंत्ज़ सिद्धांत द्वारा प्रतिस्थापित किया गया था। ये "लोरेंत्ज़ समूह" के परिवर्तन हैं जो डायनेमिक्स के अंतर समीकरणों को नहीं बदलते हैं। यदि हम मानते हैं कि प्रणाली अब स्थिर अक्षों से संबंधित नहीं है, बल्कि एक अनुवादात्मक आंदोलन द्वारा अनुप्राणित अक्षों से संबंधित है, तो हमें यह स्वीकार करना होगा कि सभी पिंड विकृत हैं, कि एक गोला, उदाहरण के लिए, एक दीर्घवृत्त में बदल जाता है जिसकी लघु धुरी समानांतर होती है अक्षों का अनुवाद; समय को ही गहराई से संशोधित किया जाना चाहिए; यहाँ दो प्रेक्षक हैं, पहला स्थिर अक्षों से जुड़ा है, दूसरा गतिशील अक्षों से, लेकिन दोनों स्वयं को विराम अवस्था में मानते हैं। न केवल ऐसी आकृति, जिसे पहला एक गोले के रूप में मानता है, दूसरे को दीर्घवृत्त के रूप में दिखाई देगी, बल्कि दो घटनाएँ जिन्हें पहला एक साथ मानेगा, वे अब दूसरे के लिए वैसी नहीं होंगी।

सब कुछ ऐसे होता है मानो समय अंतरिक्ष का चौथा आयाम हो; और जैसे कि सामान्य स्थान और समय के संयोजन से उत्पन्न चार-आयामी स्थान न केवल

सामान्य स्थान की धुरी के चारों ओर घूम सकता है ताकि समय में कोई बदलाव न हो, बल्कि किसी भी अक्ष के चारों ओर घूम सके। तुलना को गणितीय रूप से निष्पक्ष बनाने के लिए, अंतरिक्ष के इस चौथे समन्वय के लिए विशुद्ध रूप से काल्पनिक मूल्यों को जिम्मेदार ठहराया जाना होगा; हमारे नए स्थान में एक बिंदु के चार निर्देशांक नहीं होंगे, और लेकिन मैं इस बिंदु पर जोर नहीं देता; आवश्यक बात यह है कि नई अवधारणा में, अंतरिक्ष और समय अब दो पूरी तरह से अलग संस्थाएं नहीं हैं जिन्हें अलग-अलग माना जा सकता है, बल्कि एक ही संपूर्ण के दो भाग और दो भाग हैं जो मानो एक-दूसरे के साथ घनिष्ठ रूप से जुड़े हुए हैं। , ताकि उन्हें अब आसानी से अलग न किया जा सके।

एक और टिप्पणी: मैंने एक बार दो अलग-अलग थिएटरों में होने वाली दो घटनाओं की रिपोर्ट को यह कहकर परिभाषित करने की कोशिश की थी कि एक को दूसरे से पहले माना जाएगा यदि इसे दूसरे का कारण माना जा सकता है। यह परिभाषा अपर्याप्त हो जाती है; इस नए यांत्रिकी में, कोई प्रभाव नहीं है जो तुरंत प्रसारित होता है; अधिकतम संचरण गति प्रकाश की है; इन शर्तों के तहत, ऐसा हो सकता है कि घटना (अंतरिक्ष और समय के एकमात्र विचार के आधार पर) न तो प्रभाव हो सकती है और न ही घटना का कारण हो सकती है यदि उन स्थानों से दूरी जहाँ वे घटित होते हैं, तो प्रकाश को स्थानांतरित नहीं किया जा सकता है अच्छे समय में या के स्थान से, न ही के स्थान से।

इन नई अवधारणाओं के सामने हमारी स्थिति क्या होगी? क्या हमें अपने निष्कर्ष बदलने पर मजबूर होना पड़ेगा? निश्चित रूप से नहीं: हमने एक सम्मेलन को अपनाया था क्योंकि यह हमें सुविधाजनक लगा और हमने कहा कि कोई भी चीज़ हमें इसे छोड़ने के लिए मजबूर नहीं कर सकती। आज कुछ भौतिकशास्त्री

एक नयी परिपाटी अपनाना चाहते हैं। ऐसा नहीं है कि वे मजबूर हैं; वे इस नये सम्मेलन को अधिक सुविधाजनक मानते हैं, बस इतना ही; और जो लोग इस राय के नहीं हैं, वे वैध रूप से पुराने को रख सकते हैं ताकि उनकी पुरानी आदतें न बिगड़ें। हम दोनों के बीच मेरा मानना है कि आने वाले लंबे समय तक वे यही करेंगे।

अध्याय 3
त्रि-आयामी स्थान क्यों?

यह अध्याय त्रि-आयामी अंतरिक्ष की अवधारणा पर प्रकाश डालता है, विभिन्न ज्यामितीय परिप्रेक्ष्य और निरंतरता की धारणा के माध्यम से इसकी खोज करता है। यहाँ मुख्य बातें दी गई हैं:

ज्यामिति के प्रकार: अध्याय मीट्रिक, प्रक्षेप्य और विश्लेषण साइटस ज्यामिति के बीच अंतर करता है। मीट्रिक ज्यामिति दूरी पर ध्यान केंद्रित करती है, प्रक्षेप्य ज्यामिति सीधी रेखाओं पर आधारित होती है और विश्लेषण साइटस निरंतर विरूपण पर ध्यान केंद्रित करते हुए मात्रा को पूरी तरह से त्याग देता है।

ज्यामितीय अंतर्ज्ञान की भूमिका: अध्याय विशेष रूप से विश्लेषण स्थिति में आंकड़ों के गुणों को समझने में ज्यामितीय अंतर्ज्ञान के महत्व पर जोर देता है। यह सुझाव देता है कि जब हम गुणात्मक गुणों पर ध्यान केंद्रित करते हैं तो ज्यामितीय अंतर्ज्ञान काम में आता है।

त्रि-आयामी सातत्य: एनालिसिस साइटस का मूल प्रस्ताव यह है कि अंतरिक्ष एक त्रि-आयामी सातत्य है। अंतरिक्ष सापेक्ष है और मनमाने कानून के अनुसार विकृत किया जा सकता है, बशर्ते हमारे माप उपकरण उसी तरह विकृत हों।

निरंतर आयामों को समझना: अध्याय निरंतर आयामों की अवधारणा को समझाता है, जिसमें कहा गया है कि निरंतर आयाम वह है जिसे एक या अधिक कटौती करके भागों में विभाजित किया जा सकता है, जो स्वयं निरंतर आयाम हैं।

भौतिक सातत्य: अध्याय भौतिक सातत्य की अवधारणा का परिचय देता है, जो गणितीय सातत्य से भिन्न है। भौतिक सातत्य संवेदनाओं के सेट पर आधारित होते हैं जिन्हें हम एक दूसरे से अलग कर सकते हैं।

संक्षेप में, यह अध्याय हमें त्रि-आयामी अंतरिक्ष की हमारी समझ पर पुनर्विचार करने के लिए आमंत्रित करता है, यह सुझाव देता है कि यह एक पूर्ण

इकाई नहीं है, बल्कि एक सापेक्ष और आश्रित निर्माण है जिसे विभिन्न ज्यामितीय दृष्टिकोण और निरंतरता की धारणा के माध्यम से समझा जा सकता है।

धारा 1: विश्लेषण स्थिति और निरंतरता

ज्यामिति में, आम तौर पर दो प्रकार की ज्यामिति प्रतिष्ठित होती हैं: मीट्रिक और प्रक्षेप्य। मीट्रिक ज्यामिति दूरी पर ध्यान केंद्रित करती है, जहाँ आंकड़े "बराबर" होने पर समतुल्य माने जाते हैं जैसा कि गणितज्ञ इसे परिभाषित करते हैं। दूसरी ओर, प्रक्षेप्य ज्यामिति सीधी रेखाओं पर आधारित है। यहाँ आकृतियों को समतुल्य माना जाता है यदि उन्हें परिप्रेक्ष्य जैसे प्रक्षेप्य परिवर्तन के माध्यम से एक दूसरे में परिवर्तित किया जा सकता है। इस बाद वाले प्रकार को अक्सर गुणात्मक ज्यामिति के रूप में जाना जाता है, जो पहले वाले के विपरीत है जहाँ माप और मात्रा कम भूमिका निभाते हैं। हालाँकि, यह भेद पूरी तरह सटीक नहीं है।

जबकि प्रक्षेप्य ज्यामिति मात्रा से कम चिंतित है, सीधी रेखा की अवधारणा पूरी तरह से गुणात्मक नहीं है। यह सुनिश्चित करने के लिए कि रेखा सीधी है, माप या रूलर का उपयोग करना आवश्यक है। लेकिन एक तीसरी ज्यामिति मौजूद है जहाँ मात्रा को पूरी तरह से खारिज कर दिया जाता है, जिसे विश्लेषण साइटस के रूप में जाना जाता है। इस अनुशासन में, दो आंकड़े समतुल्य हैं यदि निरंतरता बनाए रखते हुए एक को लगातार दूसरे में विकृत किया जा सकता है। उदाहरण के लिए, एक वृत्त एक दीर्घवृत्त या किसी बंद वक्र के बराबर है, लेकिन एक रेखा खंड के बराबर नहीं है क्योंकि यह बंद नहीं है। इसी तरह, एक गोला किसी भी उत्तल सतह के बराबर होता है लेकिन टोरस में छेद के कारण उसके बराबर नहीं होता है।

विश्लेषण साइटस सर्वेक्षणकर्ताओं के लिए महत्वपूर्ण है, जो यूक्लिड के काम के समान प्रमेयों की एक श्रृंखला को जन्म देता है। इन प्रस्तावों पर रीमैन ने शुद्ध विश्लेषण के सबसे उल्लेखनीय और अमूर्त सिद्धांतों में से एक का निर्माण किया। ऐसे दो प्रमेय इसकी प्रकृति को प्रदर्शित करते हैं: बंद समतल वक्र सम संख्या में बिंदुओं पर प्रतिच्छेद करते हैं और एक उत्तल बहुफलक के लिए, किनारों की संख्या शीर्षों और फलकों के योग को घटाकर दो के बराबर होती है, तब भी जब ये फलक और किनारे घुमावदार होते हैं।

एनालिसिस साइटस को जो चीज आकर्षक बनाती है वह वह है जहाँ ज्यामितीय अंतर्ज्ञान वास्तव में काम आता है। मीट्रिक ज्यामिति प्रमेयों में, जब हम अंतर्ज्ञान की अपील करते हैं, तो ऐसा इसलिए होता है क्योंकि किसी आकृति के मीट्रिक गुणों का अध्ययन करने के लिए उसके गुणात्मक गुणों पर विचार करने की आवश्यकता होती है, जो कि विश्लेषण साइटस का फोकस है। ज्यामिति को अक्सर खराब तरीके से बनाई गई आकृतियों के बारे में तर्क करने की कला के रूप में वर्णित किया गया है, लेकिन खराब तरीके से बनाई गई आकृति क्या होती है? यह वह चीज़ है जिसे एक अनाड़ी डिज़ाइनर बना सकता है, अनुपात में बदलाव करके और असमान रेखाएँ बनाकर। हालांकि यह मीट्रिक या प्रोजेक्टिव ज्यामिति के संदर्भ में जियोमीटर के तर्क को बाधित नहीं करेगा, विश्लेषण साइटस से निपटने पर यह असंभव हो जाता है।

यह अवलोकन ज्यामितीय अंतर्ज्ञान की वास्तविक भूमिका को रेखांकित करता है: अंतर्ज्ञान को बढ़ावा देने के लिए, जियोमीटर को आंकड़े खींचने या कम से कम मानसिक रूप से प्रतिनिधित्व करने की आवश्यकता होती है। यदि वे मीट्रिक या प्रोजेक्टिव गुणों की उपेक्षा करते हैं और केवल गुणात्मक गुणों पर

ध्यान केंद्रित करते हैं, तो ऐसा इसलिए है क्योंकि यहीं पर ज्यामितीय अंतर्ज्ञान वास्तव में काम आता है। इसका मतलब यह नहीं है कि मीट्रिक ज्यामिति सहज सत्य के बिना पूरी तरह से तार्किक है, लेकिन वे अंतर्ज्ञान एक अलग प्रकृति के हैं, अंकगणित और बीजगणित के समान।

एनालिसिस साइटस का मूल प्रस्ताव यह है कि अंतरिक्ष एक त्रि-आयामी सातत्य है। इस प्रस्ताव की उत्पत्ति की जाँच अन्यत्र की गई है, लेकिन कुछ बिंदुओं को स्पष्ट करने के लिए इसे संक्षेप में फिर से देखना सार्थक है।

अंतरिक्ष सापेक्ष है, जिसका अर्थ है कि न केवल हमें इसे साकार किए बिना अंतरिक्ष के दूसरे क्षेत्र में ले जाया जा सकता है (जैसा कि पृथ्वी के अनुवाद के मामले में है), बल्कि सभी वस्तु आयामों को हमारी जानकारी के बिना समान रूप से बढ़ाया जा सकता है, बशर्ते हमारे माप उपकरण भी इसमें भाग लें यह विस्तार इसके अलावा, अंतरिक्ष को एक मनमाने कानून के अनुसार विकृत किया जा सकता है, बशर्ते हमारे माप उपकरण ठीक उसी तरीके से विकृत हों।

यह विकृति कोई भी रूप ले सकती है लेकिन निरंतर होनी चाहिए, विश्लेषण साइटस के परिप्रेक्ष्य से एक आकृति को दूसरे में परिवर्तित करना। इस प्रकार, अंतरिक्ष, हमारे माप उपकरणों से स्वतंत्र, न तो मीट्रिक और न ही प्रक्षेप्य गुण रखता है; इसमें केवल एनालिसिस साइटस द्वारा अध्ययन किए गए टोपोलॉजिकल गुण हैं। यह अनाकार है, जिसका अर्थ है कि यह किसी भी निरंतर विरूपण के माध्यम से निकाले गए निष्कर्ष से भिन्न नहीं है। सरल शब्दों में, दो स्थान हमारे संदर्भ में भिन्न नहीं होते हैं यदि उन्हें लगातार एक दूसरे में विकृत किया जा सकता है।

हमारे मापने वाले उपकरणों, विशेष रूप से ठोस निकायों का हस्तक्षेप, हमें इस अनाकार स्थान को पूरी तरह से निर्धारित और व्यवस्थित करने की अनुमति देता है। यह प्रक्षेप्य ज्यामिति को सीधी रेखाओं के नेटवर्क का पता लगाने और मीट्रिक ज्यामिति को बिंदुओं के बीच की दूरी मापने में सक्षम बनाता है। मौलिक समूह इस प्रक्रिया में एक आवश्यक भूमिका निभाता है, जैसा कि अन्यत्र बताया गया है, लेकिन यह ध्यान रखना महत्वपूर्ण है कि यहाँ हमारा ध्यान पूरी तरह से एनालिसिस साइटस द्वारा अध्ययन किए गए अनाकार स्थान पर है, जो हमारे माप उपकरणों से स्वतंत्र है। इसकी मौलिक संपत्ति, मैं कहूंगा कि इसकी एकमात्र संपत्ति, त्रि-आयामी सातत्य होना है।

धारा 2 – निरंतरता और कटौती जारी: सतत आयामों को समझना

जारी: सतत आयामों को स्कोडा

लेकिन वास्तव में निरंतर आयामों का गठन क्या होता है और यह बड़ी या छोटी संख्या में आयामों वाले सातत्य से कैसे भिन्न होता है? सबसे पहले, आइए कैंटर के छात्रों द्वारा प्राप्त कुछ हालिया परिणामों को याद करें। एक रेखा के बिंदुओं और एक समतल के बिंदुओं के बीच एक-से-एक पत्राचार स्थापित करना संभव है या अधिक सामान्यतः, \(n \) आयाम वाले सातत्य के बिंदुओं और एक सतत आयाम के बीच एक पत्राचार स्थापित करना संभव है। यह पत्राचार तब तक सत्य है जब तक हम यह शर्त नहीं लगाते कि रेखा पर दो असीम रूप से पड़ोसी बिंदु समतल पर दो असीम रूप से पड़ोसी बिंदुओं के अनुरूप हों यानी निरंतरता की स्थिति।

इस प्रकार, हम एक सीधी रेखा प्राप्त करने के लिए विमान को विकृत कर सकते हैं, बशर्ते विरूपण निरंतर न हो। निरंतर विरूपण इसे असंभव बना देगा। इसलिए, आयामीता का प्रश्न निरंतरता की धारणा से निकटता से जुड़ा हुआ है और इस धारणा की उपेक्षा करने वाले किसी भी व्यक्ति के लिए इसका कोई अर्थ नहीं होगा।

निरंतर आयामों को परिभाषित करने के लिए, हम विश्लेषणात्मक परिभाषा से शुरू करते हैं: एक निरंतर आयाम निर्देशांक का एक सेट है, जो स्वतंत्र रूप से भिन्न होने और कुछ असमानताओं को संतुष्ट करने वाले सभी वास्तविक मूल्यों को लेने में सक्षम मात्राओं का प्रतिनिधित्व करता है। हालाँकि यह परिभाषा गणितीय रूप से सही है, लेकिन यह हमें पूरी तरह से संतुष्ट नहीं कर सकती है। एक सातत्य में, विभिन्न निर्देशांक केवल एक दूसरे से जुड़े हुए नहीं होते हैं; वे संपूर्ण के विभिन्न पहलुओं को बनाने के लिए आपस में जुड़े हुए हैं। उदाहरण के लिए, अंतरिक्ष का अध्ययन करते समय, हम अक्सर निर्देशांक बदलते हैं जैसे आयताकार से वक्रीय अक्षों पर स्विच करना। यह ऑपरेशन हमें पूरी तरह से स्वाभाविक लगता है, केवल विश्लेषणात्मक परिभाषा पर निर्भर रहने के बजाय, एक गहरे स्रोत से निरंतरता की धारणा प्राप्त करता है। हालाँकि, जो लोग केवल सातत्य की विश्लेषणात्मक परिभाषा से परिचित हैं, उनके लिए ऐसे ऑपरेशन वैध लग सकते हैं लेकिन अत्यधिक जटिल और खराब रूप से उचित हैं।

इसके अलावा, यह परिभाषा निरंतरता की सहज उत्पत्ति और इसकी अंतर्निहित समृद्धि को नजरअंदाज करती है। यह गणित में प्रचलित परिभाषाओं की श्रेणी में आता है, जहाँ विज्ञान को "अंकगणित" करने की प्रवृत्ति परिभाषित वस्तु के वास्तविक सार को पकड़ने के बजाय सरल सामग्रियों पर आधारित निर्माण की ओर ले जाती है।

अब, आइए कटऑफ की धारणा के आधार पर आयामों की संख्या के निर्धारण पर चर्चा करें। एक आयामी सातत्य का प्रतिनिधित्व करने वाले एक बंद वक्र पर विचार करें। यदि हम इस वक्र पर किन्हीं दो बिंदुओं को चिह्नित करते हैं और उनसे गुजरने पर रोक लगाते हैं, तो वक्र दो भागों में विभाजित हो जाएगा, जिससे वक्र पर रहते हुए एक भाग से दूसरे भाग तक जाना असंभव हो जाएगा और निषिद्ध बिंदुओं से बचना असंभव हो जाएगा।

इसके विपरीत, दो-आयामी सातत्य का निर्माण करने वाली एक बंद सतह के लिए, हम सतह को भागों में तोड़े बिना एक, दो या किसी भी संख्या में निषिद्ध बिंदुओं को चिह्नित कर सकते हैं। निषिद्ध बिंदुओं के चारों ओर पैंतरेबाज़ी करके बिना किसी बाधा के सतह पर एक बिंदु से दूसरे तक यात्रा करना संभव रहता है। हालाँकि, यदि हम सतह पर एक या अधिक बंद वक्रों का पता लगाते हैं और उन्हें ऐसे कट के रूप में मानते हैं जिन्हें हम पार नहीं करेंगे, तो सतह वास्तव में कई भागों में विभाजित हो सकती है।

अब, आइए अंतरिक्ष पर ही विचार करें। इसे कुछ बिंदुओं से गुजरने या कुछ रेखाओं को पार करने पर रोक लगाकर भागों में विभाजित नहीं किया जा सकता है; ऐसी बाधाओं को हमेशा दूर किया जा सकता है। अंतरिक्ष को विभाजित करने के लिए, हमें कुछ सतहों यानी, कुछ द्वि-आयामी कटौती को पार करने पर रोक लगाने की आवश्यकता है। इसलिए, हम कहते हैं कि अंतरिक्ष के तीन आयाम हैं।

तो, अब हम समझते हैं कि सतत आयाम क्या हैं। एक सतत आयाम वह है जिसे एक या अधिक कटौती करके भागों में विभाजित किया जा सकता है, जो स्वयं निरंतर आयाम हैं। इस प्रकार निरंतर \(n \) आयामों को निरंतर

आयामों द्वारा परिभाषित किया जाता है, जो प्रेरण द्वारा एक परिभाषा का निर्माण करता है।

जो चीज़ मुझे इस परिभाषा में विश्वास दिलाती है और दिखाती है कि यह स्वाभाविक रूप से हमारी समझ के साथ संरेखित होती है, वह है सबसे पहले, प्रारंभिक ग्रंथों के कई लेखकों द्वारा अपनाया गया समान दृष्टिकोण। वे आयतन को अंतरिक्ष के भागों के रूप में, सतहों को आयतन की सीमाओं के रूप में, रेखाओं को सतहों की सीमाओं के रूप में और बिंदुओं को रेखाओं के रूप में परिभाषित करते हैं, जिसके बाद वे रुकते हैं और सादृश्य स्पष्ट हो जाता है। दूसरा, विश्लेषण साइटस के अन्य भागों में, हम कटिंग की महत्वपूर्ण भूमिका पाते हैं। सब कुछ काटने पर टिका है उदाहरण के लिए, रीमैन के अनुसार, एक टोरस को एक गोले से अलग करने वाली बात यह है कि हम एक गोले को दो भागों में काटे बिना उस पर एक बंद वक्र नहीं खींच सकते, जबकि ऐसे बंद वक्र होते हैं जो टोरस को दो भागों में नहीं काटते हैं, जिससे दो बंद वक्रों की आवश्यकता होती है। विभाजन सुनिश्चित करने के लिए बिना किसी सामान्य बिंदु वाले कट।

हालाँकि, संबोधित करने के लिए एक और मुद्दा है। अब तक हमने जिस सतत पर चर्चा की है वह गणितीय सातत्य है, जहाँ प्रत्येक बिंदु दूसरों से अलग और बिल्कुल अविभाज्य है। हमारी इंद्रियों द्वारा सीधे प्रकट किया गया निरंतर, जिसे मैंने भौतिक सातत्य कहा है, पूरी तरह से अलग हैं। इन सातत्यों को नियंत्रित करने वाला कानून फेचनर का कानून है, जिसे मैं बुनियादी प्रयोगात्मक डेटा पर कम करके सरल बना दूंगा जिस पर यह आधारित है।

अनुमान से, हम 10 ग्राम वजन को 12 ग्राम में से किसी एक में से अलग कर सकते हैं, लेकिन 10 या 12 ग्राम में से 11 ग्राम में से एक को भी नहीं। आम तौर

पर, संवेदनाओं के दो समूह हो सकते हैं जिन्हें हम एक-दूसरे से अलग करते हैं, बिना उनमें से किसी एक को तीसरे से अलग करने में सक्षम होने के बिना। इस आधार पर, हम संवेदनाओं के सेट की एक सतत श्रृंखला की कल्पना कर सकते हैं जैसे कि उनमें से प्रत्येक अगले से अप्रभेद्य है, हालांकि श्रृंखला के दो छोर आसानी से पहचाने जा सकते हैं। यह एक आयाम की भौतिक सातत्यता का गठन करता है। हम अधिक जटिल भौतिक सातत्यों की भी कल्पना कर सकते हैं, जहाँ तत्व अभी भी संवेदनाओं के समूह हैं (हालांकि मैं "तत्व" शब्द का उपयोग करना पसंद करता हूँ, जो सरल है)।

हम ऐसे तत्वों की प्रणाली को भौतिक सातत्य कब मानते हैं? ऐसा तब होता है जब हम इसके किन्हीं दो तत्वों को एक सतत श्रृंखला के अंतिम बिंदु के रूप में मान सकते हैं जैसा कि मैंने पहले वर्णित किया था, जिसमें सभी तत्व इससे संबंधित हैं। इस प्रकार एक सतह सतत होती है: यदि हम इसके किन्हीं दो बिंदुओं को एक सतत रेखा से जोड़ सकते हैं जो सतह को नहीं छोड़ती है।

क्या हम काटने की धारणा को भौतिक सातत्यों तक विस्तारित कर सकते हैं और इस प्रकार उनके आयाम निर्धारित कर सकते हैं? निश्चित रूप से। मान लीजिए कि हमने \(X \) के कुछ तत्वों को प्रतिबंधित कर दिया है, जिन्हें हम समझ नहीं सकते हैं। ये निषिद्ध तत्व एक सीमित संख्या में हो सकते हैं या अपने मिलन से एक या अधिक सातत्य बना सकते हैं। इन निषिद्ध तत्वों का समुच्चय एक कट बनता है। ऐसा हो सकता है कि इस कटौती को करने के बाद, हम \(इस श्रृंखला के तत्व कट के किसी भी तत्व से अप्रभेद्य हैं।

उस स्थिति में, एक भौतिक सातत्य जिसे तत्वों की एक सीमित संख्या को प्रतिबंधित करके इस तरीके से विभाजित किया जा सकता है, उसका एक आयाम

होगा। एक भौतिक सातत्य में \(n \) आयाम होंगे यदि इसे कटौती करके विभाजित किया जा सकता है जो स्वयं \(n \) आयामों के भौतिक सातत्य हैं।

धारा 3 जारी: अंतरिक्ष और इंद्रियाँ

प्रश्न हल हो गया लगता है; ऐसा प्रतीत होता है कि हमें इस नियम को केवल भौतिक सातत्य, जो कि अंतरिक्ष की कच्ची छवि है या संबंधित गणितीय सातत्य, जो कि जियोमीटर का स्थान है, पर लागू करने की आवश्यकता है। हालाँकि, यह एक भ्रम है; यह तब काम करेगा यदि भौतिक सातत्य, जिससे हम स्थान प्राप्त करते हैं, सीधे इंद्रियों द्वारा दिया गया हो, लेकिन यह मामले से बहुत दूर है।

आइए देखें कि हम अपने संवेदी अनुभवों से भौतिक सातत्य कैसे प्राप्त कर सकते हैं। भौतिक सातत्य का प्रत्येक तत्व संवेदनाओं का एक समूह है और सबसे सरल दृष्टिकोण एक साथ संवेदनाओं के सेट, चेतना की स्थिति पर विचार करना है। हालाँकि, चेतना की प्रत्येक अवस्था अत्यधिक जटिल है, जिससे यह संभावना नहीं है कि कोई भी दो अवस्थाएँ कभी भी अविभाज्य हो जाएँगी। फिर भी, एक भौतिक सातत्य के निर्माण के लिए, जैसा कि पहले चर्चा की गई है, यह आवश्यक है कि इसके दो तत्वों को, कुछ मामलों में, अविभाज्य माना जा सकता है। फिर भी, हम यह कभी नहीं कह सकते, "मैं अपनी वर्तमान मनःस्थिति को परसों उसी समय की अपनी मनःस्थिति से नहीं पहचान सकता।"

इसलिए, मस्तिष्क के लिए यह आवश्यक है कि वह सक्रिय रूप से काम करे और चेतना की दो अवस्थाओं को उनके मतभेदों को नजरअंदाज करते हुए समान मानने के लिए सहमत हो। इसे प्राप्त करने का एक तरीका कुछ संवेदी डेटा का सार निकालना है। उदाहरण के लिए, हालाँकि मैं 10 ग्राम और 11 ग्राम वजन के कारण होने वाली संवेदनाओं के बीच अंतर नहीं कर सकता, यह

संभावना है कि प्रत्येक वजन को पकड़ने के संवेदी अनुभव में विभिन्न घ्राण या श्रवण संवेदनाएं शामिल होती हैं। इन बाह्य संवेदनाओं को अमूर्त करके, मैं दावा कर सकता हूँ कि चेतना की दोनों अवस्थाएं अप्रभेद्य थीं।

हम अन्य, अधिक जटिल सम्मेलन स्थापित कर सकते हैं। इसके अतिरिक्त, हम क्रमिक संवेदनाओं के सेट, संवेदनाओं के अनुक्रम को अपनी सातत्यता के तत्वों के रूप में मान सकते हैं। इससे उन मामलों को निर्धारित करने के लिए मौलिक सम्मेलन बनाने की आवश्यकता होती है जिनमें दो तत्वों को समान माना जाना चाहिए।

तो, हमें स्थान प्राप्त करने के लिए यह दोहरा विकल्प कैसे चुनना चाहिए? क्या हम बस एक साथ संवेदनाओं के सेट पर विचार कर सकते हैं या हमें संवेदनाओं के अनुक्रम का विश्लेषण करना चाहिए? क्या हम सबसे सरल, सबसे प्राकृतिक परंपरा पर भरोसा कर सकते हैं, जिसमें कुछ संवेदी डेटा का सार निकालना शामिल है? नहीं।

ऐसा अमूर्तन असंभव है; हम अपनी इंद्रियों से उन लोगों का चयन नहीं कर सकते जो हमें विशेष रूप से स्थान प्रदान करते हैं; प्रत्येक इंद्रिय अपने अनूठे तरीके से अंतरिक्ष की हमारी धारणा में योगदान करती है। हमारी कोई भी इंद्रिय हमें स्वतंत्र रूप से स्थान प्रदान नहीं कर सकती; प्रत्येक व्यक्ति दूसरों के साथ मिलकर अधिक व्यापक धारणा प्रदान करने में योगदान देता है।

उदाहरण के लिए, यदि हम स्पर्श की भावना का विश्लेषण करते हैं, तो अनुभव हमें दिखाता है कि हम त्वचा पर दो बिंदुओं को अलग कर सकते हैं यदि वे पर्याप्त रूप से दूर हैं, लेकिन यदि वे एक साथ बहुत करीब हैं तो नहीं। हमें उन्हें पहचानने की न्यूनतम दूरी शरीर के विभिन्न क्षेत्रों में भिन्न-भिन्न होती है।

हम आम तौर पर इस घटना का श्रेय त्वचा को विभागों में विभाजित करने को देते हैं, जिनमें से प्रत्येक एक ही संवेदनशील तंत्रिका द्वारा नियंत्रित होता है। हालाँकि, यह स्पष्टीकरण पूरी तरह से संतोषजनक नहीं है; यह हमें भौतिक सातत्य की विशेषताओं तक नहीं ले जाएगा। इसके बजाय, यह विभिन्न तंत्रिका विभागों के अनुरूप अलग-अलग व्यक्तियों से बनी एक अलग संपूर्णता का सुझाव देता है।

एक बेहतर तरीका यह स्वीकार करना है कि एक बिंदु का संपर्क न केवल निकटतम तंत्रिका बल्कि पड़ोसी तंत्रिकाओं को भी प्रभावित करता है, दूरी बढ़ने के साथ तीव्रता कम हो जाती है। नतीजतन, यदि हम दो बिंदुओं के संपर्क के प्रभावों की तुलना करते हैं, तो दोनों बिंदुओं से प्रभावित तंत्रिकाएं ओवरलैप हो जाएँगी, जिससे फेचनर के नियम के अनुसार उनके प्रभाव अप्रभेद्य हो जाएँगे।

इस प्रकार, हमारे पास एक भौतिक सातत्य का निर्माण करने के लिए आवश्यक सभी चीजें हैं: हमें बस त्वचा की सतह पर दो बिंदुओं को स्थानांतरित करने और ध्यान देने की आवश्यकता है कि हमारी चेतना उन्हें कब अलग करती है। हमने केवल ज्यामिति से संबंधित परिस्थितियों को बनाए रखने के लिए, प्रत्येक तंत्रिका की प्रतिक्रिया की तीव्रता और बिंदुओं द्वारा त्वचा पर लगाए गए दबाव जैसी कई परिस्थितियों का सार निकाला है। हालाँकि, स्पर्श से निर्मित इस सातत्य में केवल दो आयाम हैं, जो त्वचा की सतह को प्रतिबिंबित करते हैं और हमारी पूर्ण स्थानिक धारणा का प्रतिनिधित्व करने में विफल रहते हैं। इसके अतिरिक्त, हमारी त्वचा गतिशील है और उस पर एक ही बिंदु हमेशा अंतरिक्ष में एक ही बिंदु के अनुरूप नहीं होता है, जिससे अंतरिक्ष के लिए एक मॉडल के रूप में इसकी उपयुक्तता कम हो जाती है।

यही बात दृष्टि पर भी लागू होती है: दो प्रकाश किरणें रेटिना पर दो बिंदुओं से टकराकर अपनी दूरी के आधार पर या तो दो चमकदार धब्बे या एक बना सकती हैं। रंग और तीव्रता को अमूर्त करके, हम रेटिना की सतह की तरह, दो आयामों की एक भौतिक सातत्यता का निर्माण कर सकते हैं। हालाँकि, तीसरे आयाम का परिचय देने के लिए, हमें दूरबीन दृष्टि और आँखों के अभिसरण पर विचार करना चाहिए, जिसे हम दृश्य स्थान कहते हैं। हालांकि कुछ पहलुओं में स्पर्श स्थान से बेहतर, दृश्य स्थान अभी भी सीमित है; आँख गतिशील है और रेटिना पर एक ही बिंदु हमेशा अंतरिक्ष में एक ही बिंदु के अनुरूप नहीं हो सकता है।

यदि हम दृश्य और स्पर्श स्थानों को जोड़ते हैं, तो सैद्धांतिक रूप से हमारे पास तीन या दो के बजाय पाँच आयाम होंगे। हालाँकि, यह अस्पष्ट है कि इन पाँच आयामों को घटाकर तीन कैसे किया जाता है और समीकरण में अन्य इंद्रियों को शामिल करने से आयामों की संख्या में और वृद्धि होगी।

अंततः, हमें यह समझाना बाकी है कि स्पर्शनीय और दृश्य स्थान एक ही स्थान क्यों हैं।

धारा 4 जारी: स्थान और हलचलें

ऐसा लगता है कि एक साथ संवेदनाओं के सेट पर विचार करके स्थान का निर्माण अपर्याप्त है; इसके बजाय हमें संवेदनाओं के अनुक्रम पर विचार करना चाहिए। हमें पहले चर्चा की गई बात पर वापस लौटना चाहिए: क्यों कुछ परिवर्तन स्थिति में परिवर्तन के रूप में दिखाई देते हैं जबकि अन्य को ज्यामितीय विशेषताओं के बिना स्थिति में परिवर्तन के रूप में माना जाता है? इसे समझने के लिए, हमें बाहरी परिवर्तनों के बीच अंतर करने की आवश्यकता है, जो अनैच्छिक हैं और मांसपेशियों की संवेदनाओं के साथ नहीं हैं और आंतरिक परिवर्तन, जो

हमारे शरीर की गतिविधियां हैं और अलग-अलग हैं क्योंकि वे स्वैच्छिक हैं और मांसपेशियों की संवेदनाओं के साथ हैं।

बाहरी परिवर्तनों को आंतरिक समायोजन द्वारा ठीक किया जा सकता है जैसे कि किसी चलती हुई वस्तु की छवि को रेटिना के उसी बिंदु पर रखने के लिए आँख से उसका अनुसरण करना। यदि किसी परिवर्तन को समान तरीके से ठीक किया जा सकता है, तो इसे स्थिति में परिवर्तन माना जाता है; अन्यथा, इसे राज्य परिवर्तन माना जाएगा।

दो बाहरी परिवर्तन, भले ही गुणात्मक रूप से भिन्न हों, स्थिति के समान परिवर्तन के अनुरूप देखे जाते हैं यदि उन्हें समान आंतरिक समायोजन द्वारा ठीक किया जा सकता है। इसी तरह, दो आंतरिक समायोजनों में मांसपेशियों की संवेदनाओं के पूरी तरह से अलग-अलग अनुक्रम शामिल हो सकते हैं, लेकिन फिर भी वे स्थिति के समान परिवर्तन के अनुरूप होते हैं यदि वे समान बाहरी परिवर्तन को सही करते हैं। जब हम कहते हैं कि एक बिंदु से दूसरे बिंदु तक जाने के लिए कई रास्ते हैं तो हमारा मतलब यही है।

किसी विशिष्ट वस्तु तक पहुँचने के लिए आवश्यक गतिविधियाँ मायने रखती हैं, इन गतिविधियों के बारे में जागरूकता उनके साथ आने वाली मांसपेशियों की संवेदनाओं के संग्रह से अधिक कुछ नहीं है।

उदाहरण के लिए, यदि कोई वस्तु मेरी तर्जनी के संपर्क में है, तो मुझे स्पर्श और दृश्य संवेदनाओं का एक साथ अनुभव होता है। जैसे-जैसे वस्तु दूर जाती है, स्पर्श संवेदना क्षीण होती जाती है, उसकी जगह नई दृश्य संवेदनाएं ले लेती हैं, जिससे बाहरी परिवर्तन होता है। इस परिवर्तन को आंशिक रूप से ठीक करने के लिए, मुझे अपनी तर्जनी को वापस वस्तु के संपर्क में लाना होगा, जिसके लिए

आंदोलनों की एक श्रृंखला और संबंधित मांसपेशियों की संवेदनाओं की आवश्यकता होगी। यद्यपि मांसपेशियों की संवेदनाओं के ये क्रम भिन्न हो सकते हैं, वे सभी स्पर्श संवेदना को बहाल करने के एक ही लक्ष्य को प्राप्त करते हैं। इसलिए, हम उन्हें एक ही सातत्य का हिस्सा मानते हैं।

हालाँकि, एक उंगली की संवेदनाओं के आधार पर सातत्य का निर्माण इस तथ्य को ध्यान में नहीं रखता है कि हमारे पास कई उंगलियां हैं, जिनमें से प्रत्येक समान संवेदनाओं का अनुभव करने में सक्षम है। इसे संबोधित करने के लिए, हम उंगली तुल्यता की अवधारणा का परिचय देते हैं। यदि दो उंगलियां, जिन्हें और के रूप में दर्शाया गया है, कुछ आंदोलनों के तहत समान संवेदनाओं का अनुभव करती हैं, तो हम उनकी तुल्यता को इस रूप में दर्शाते हैं।

यदि आंदोलनों के दो विशेष अनुक्रम मौजूद हैं और निम्नानुसार परिभाषित किया गया है: जब एक उंगली किसी वस्तु के साथ संपर्क महसूस करती है, तो गतिविधियों को करने से उसी उंगली को फिर से संपर्क का अनुभव होगा। इसके विपरीत, वसीयत की गतिविधियों को करने से उंगली आंदोलन से पहले अपनी मूल स्थिति में वापस आ जाएगी। यदि ये अनुक्रम मौजूद हैं, तो तुल्यता संबंध का तात्पर्य है कि और द्वारा उत्पन्न दो स्थान समरूपी हैं और उनके आयामों की संख्या समान है।

हालाँकि, यदि अनुक्रम मौजूद नहीं हैं, तो यह सुझाव देता है कि अंतरिक्ष में एक उंगली से उत्पन्न भौतिक सातत्य की तुलना में अधिक आयाम हैं। उदाहरण के लिए, यदि हम आंदोलनों का ऐसा क्रम नहीं ढूंढ पाते हैं जिससे संपर्क की अनुभूति संपर्क की अनुभूति के बाद हो, तो हमें यह निष्कर्ष निकालना होगा कि अंतरिक्ष में उत्पन्न भौतिक सातत्य की तुलना में अधिक आयाम हैं।

इसी तरह, दृष्टि की भावना को शामिल करते समय, हम किसी वस्तु की छवि को रेटिना पर एक बिंदु या मांसपेशियों की संवेदनाओं के संबंधित अनुक्रम में लाने के लिए आवश्यक आंदोलनों पर विचार कर सकते हैं। हालाँकि इस सातत्य में केवल दो आयाम हैं, हम इसके अनुरूप अनुक्रम का निर्माण नहीं कर सकते हैं, जो दर्शाता है कि दृष्टि दूरी पर संचालित होती है और अंतरिक्ष में उत्पन्न सातत्य की तुलना में एक अधिक आयाम है।

यह सिंहावलोकन उन प्रयोगात्मक टिप्पणियों को दर्शाता है जिसने हमें अंतरिक्ष के तीन आयामों का श्रेय देने के लिए प्रेरित किया। इन तथ्यों को देखते हुए, चार या दो की तुलना में तीन आयामों को श्रेय देना अधिक व्यावहारिक था। अंतरिक्ष को दो या चार आयामों का श्रेय देने वाला प्राणी अस्तित्व के संघर्ष में खुद को नुकसान में पाएगा, क्योंकि इसमें उन अनुरूपताओं को स्वीकार करना या अस्वीकार करना शामिल होगा जो अंतरिक्ष के हमारे अनुभवों और धारणाओं के साथ संरेखित नहीं हैं।

धारा 5 जारी: अंतरिक्ष और प्रकृति

विचार करने योग्य एक अन्य परिप्रेक्ष्य भौतिकी के दृष्टिकोण से है। हम यह पूछ सकते हैं कि क्या प्राकृतिक घटनाओं को हमारे त्रि-आयामी अंतरिक्ष जैसे कि दो- या चार-आयामी अंतरिक्ष के अलावा किसी अन्य स्थान पर स्थित करना संभव होगा। भौतिकी द्वारा प्रकट किए गए नियम आम तौर पर अंतर समीकरणों के माध्यम से व्यक्त किए जाते हैं, जहाँ कुछ भौतिक बिंदुओं के तीन निर्देशांक दिखाई देते हैं। क्या समान नियमों को चार निर्देशांक वाले भौतिक बिंदुओं वाले विभिन्न समीकरणों के साथ व्यक्त करना असंभव है? या क्या यह संभव है, लेकिन

परिणामी समीकरण कम सीधे होंगे? या शायद, वे उतने ही सरल होंगे, लेकिन हम उनकी अपरिचितता के कारण उन्हें अस्वीकार कर देते हैं?

जब हम समान नियमों को अन्य समीकरणों के साथ व्यक्त करने की बात करते हैं, तो हम दो अलग-अलग दुनियाओं में होने वाली घटनाओं के बीच एक पत्राचार स्थापित करते हैं। एक दुनिया में किसी भी घटना के लिए, दूसरी दुनिया में एक विशिष्ट घटना उससे मेल खाती है, जो उसकी छवि के रूप में कार्य करती है। घटना की गुणात्मक प्रकृति अप्रासंगिक है; समानता की संभावना क्या मायने रखती है।

भौतिक विज्ञानी अक्सर संवेदी डेटा से अमूर्त होते हैं और केवल घटनाओं के बीच संबंधों पर ध्यान केंद्रित करते हैं। उदाहरण के लिए, वे उन गैसों को प्रतिस्थापित करते हैं जिन्हें हम गतिज सिद्धांत के साथ अनुभव करते हैं, जहाँ गैसों को गति में भौतिक बिंदु के रूप में देखा जाता है। इसी तरह, रंगीन संवेदनाओं को ईथर वातावरण के कंपन से बदल दिया जाता है।

एक साधारण मामले पर विचार करें: खगोलीय घटना और न्यूटन का नियम। हम तारों के बीच की दूरी को उनके निर्देशांक के बजाय देखते हैं, जिससे इन दूरियों और समय से जुड़े अंतर समीकरण बनते हैं। प्रत्येक दूरी के स्थान पर दूरियों को दर्शाने वाले फ़ंक्शंस को प्रतिस्थापित करके, हम समीकरण प्राप्त करते हैं जहाँ तारों के निर्देशांक दिखाई देते हैं।

हम इन दूरियों को अन्य कार्यों से बदल सकते हैं, जिसके परिणामस्वरूप घटनाओं के बीच समानता बनाए रखते हुए विभिन्न समीकरण बन सकते हैं। उदाहरण के लिए, यदि हम चार निर्देशांक वाले चार-आयामी अंतरिक्ष में तारों का प्रतिनिधित्व करते हैं, तो हम दूरी फ़ंक्शन के लिए दो सितारों के आठ निर्देशांकों

में से किसी भी फ़ंक्शन को प्रतिस्थापित कर सकते हैं। परिणामी समीकरण, वैध होते हुए भी, हमारे सामान्य समीकरणों से अधिक जटिल होंगे।

यही बात भौतिकी के नियमों पर भी लागू होती है। क्या कोई सामान्य कारण है कि तीन आयामों की परिकल्पना से भौतिकी में सबसे सरल समीकरण प्राप्त होते हैं? क्या यह अस्तित्व के लिए महत्वपूर्ण तीन आयामों में अनिवार्य विश्वास से संबंधित है?

सामान्य स्थान पर लौटते हुए, हम इसकी सापेक्षता को स्वीकार करते हैं, जिसका अर्थ है कि समन्वय अक्षों की पसंद की परवाह किए बिना भौतिकी के नियम सुसंगत रहते हैं। यहाँ तक कि पृथ्वी जैसी आंशिक रूप से पृथक प्रणाली में भी, अक्षों का चुनाव समीकरणों को प्रभावित नहीं करता है, जिसका अर्थ है कि कुछ परिवर्तनों के तहत अपरिवर्तनीयता होती है।

यदि हम सामान्य स्थान को छोड़ देते हैं और समानता का सम्मान करते हुए अपने समीकरणों को समतुल्य समीकरणों से बदल देते हैं, तो कम या ज्यादा पृथक प्रणालियों के लिए अपरिवर्तनीयता की एक सामान्य संपत्ति बनी रहती है। अभी भी परिवर्तनों का एक समूह होगा जो समीकरणों के रूप को संरक्षित करेगा, सामान्य अंतरिक्ष में अक्ष परिवर्तनों के छह-आयामी समूह के लिए आइसोमोर्फिक। जब हम त्रि-आयामी अंतरिक्ष से निकटता से संबंधित इस समूह पर प्रकाश डालते हैं तो हमारे समीकरण सरल हो जाते हैं।

भौतिक विज्ञान में इस समूह का महत्व, ठोस पिंडों की गतिविधियों के लिए समरूपी होने के कारण, अंतरिक्ष में तीन आयामों को जिम्मेदार ठहराने के भौतिक और मनोवैज्ञानिक कारणों के बीच संबंध को रेखांकित करता है। दोनों अपरिवर्तनशीलता के गुणों और अस्तित्व के लिए अनिवार्य आवश्यकता से उत्पन्न होते हैं।

धारा 6 जारी: विश्लेषण स्थिति और अंतर्ज्ञान

मैं विश्लेषण साइटस के महत्व और ज्यामितीय अंतर्ज्ञान के अस्तित्व से संबंधित एक अप्रत्यक्ष टिप्पणी करना चाहूंगा। क्या ऐसा अंतर्ज्ञान वास्तव में मौजूद है? याद करें कि एक ऐसी ज्यामिति विकसित करने का प्रयास किया गया है, जिसे तर्कसंगत ज्यामिति कहा जाता है, जो अंतर्ज्ञान की किसी भी अपील से रहित है। श्री हिल्बर्ट द्वारा समर्थित यह प्रयास, सहज सत्य के बजाय छिपी हुई परिभाषाओं के रूप में माने जाने वाले सिद्धांतों या अभिधारणाओं के एक सेट पर आधारित है।

इन सिद्धांतों के बीच, आइए दूसरे समूह पर ध्यान केंद्रित करें, जिसे "क्रम के सिद्धांत" के रूप में जाना जाता है। एक उदाहरण है: "यदि बिंदु और बिंदुओं के बीच है, तो बिंदु बिंदुओं और के बीच होगा।" श्री हिल्बर्ट इन सिद्धांतों को ऐसे मानते हैं जिनमें कोई सहज सत्य नहीं है; बल्कि, उन्हें छिपी हुई परिभाषाएँ माना जाता है। हम परंपराओं के आधार पर "बीच" जैसे शब्दों का उपयोग कर सकते हैं, बशर्ते वे आदेश के सिद्धांतों का पालन करें, जो "बीच" शब्द की परिभाषा के रूप में कार्य करते हैं।

हम इन सिद्धांतों के आधार पर एक ज्यामिति का निर्माण कर सकते हैं, जो आंकड़ों से रहित है और संवेदी धारणा की कमी वाले किसी व्यक्ति द्वारा भी समझ में आने योग्य है। हालाँकि ऐसा व्यक्ति तार्किक निष्कर्षों को समझ सकता है, लेकिन स्पष्ट औचित्य के बिना प्रस्तावों का संयोजन कृत्रिम और मनमाना लग सकता है।

हालाँकि, हमारे लिए, ये स्वयंसिद्ध बातें केवल मनमानी परंपराएँ नहीं हैं; वे प्रयोगात्मक तथ्यों के साथ उनकी संगति द्वारा उचित ठहराए जाते हैं। आदेश के

सिद्धांत, विशेष रूप से, विश्लेषण साइटस से संबंधित सहज ज्ञान युक्त प्रस्तावों से उत्पन्न होते प्रतीत होते हैं जैसे कि अगम्य बिंदुओं द्वारा गठित कटौती का उपयोग करके एक आयामी सातत्य को काटने की धारणा।

इससे एक प्रश्न उठता है: क्या ये सहज सत्य अंतरिक्ष के अंतर्ज्ञान से संबंधित हैं या सामान्य रूप से गणितीय या भौतिक सातत्य के अंतर्ज्ञान से संबंधित हैं? उच्च-आयामी सातत्य की तुलना में हम जिस आसानी से अंतरिक्ष के बारे में तर्क करते हैं वह पूर्व का सुझाव देता है। हालाँकि, तीन से अधिक आयामों वाला एक विश्लेषण साइट मौजूद है, जिसके लिए अंतर्ज्ञान की निरंतर अपील की आवश्यकता होती है। हालांकि यह अधिक चुनौतीपूर्ण हो सकता है, यह दर्शाता है कि उच्च आयामों में सातत्य का अंतर्ज्ञान संभव है।

जो छात्र त्रि-आयामी ज्यामिति के साथ संघर्ष करते हैं, उनमें त्रि-आयामी अंतर्ज्ञान का उपयोग करने में अभ्यास की कमी हो सकती है, न कि इसकी अनुपस्थिति। हम सभी मानसिक रूप से आकृतियों को अंतरिक्ष में देखने के लिए घुमाते हैं, जो हमारे भीतर त्रि-आयामी अंतर्ज्ञान की उपस्थिति का संकेत देता है।

निष्कर्षतः, हमारे पास किसी भी संख्या में आयामों के सातत्य का अंतर्ज्ञान होता है, जो हमें भौतिक और गणितीय सातत्य का निर्माण करने में सक्षम बनाता है। यह संकाय अनुभव से पहले हमारे भीतर मौजूद है, संवेदी इनपुट को व्यवस्थित करने की नींव के रूप में कार्य करता है। हालाँकि, बाहरी कारक और अनुभव उस दिशा को निर्धारित करते हैं जिसमें हम इस संकाय का प्रयोग करते हैं।

अध्याय 4
अनंत का तर्क

"द लॉजिक ऑफ इनफिनिटी", अनंत संग्रहों पर तर्क लागू करने की जटिलताओं और उत्पन्न होने वाले विरोधाभासों पर प्रकाश डालता है। यह तार्किक तर्क में अपरिवर्तनीय वर्गीकरणों के महत्व और उन विरोधाभासों पर चर्चा करता है जो तब उत्पन्न हो सकते हैं जब ये वर्गीकरण तय नहीं होते हैं। अध्याय विधेयात्मक और गैर-विधेयात्मक वर्गीकरणों की अवधारणा का परिचय देता है, अनंत संग्रहों से निपटने के दौरान विधेयात्मक वर्गीकरणों की आवश्यकता पर बल देता है।

अध्याय दो संग्रहों की तुलना करते समय कार्डिनल संख्याओं की अवधारणा और एक विधेय पत्राचार कानून की आवश्यकता की भी पड़ताल करता है। यह श्री रसेल के काम का परिचय देता है, जिन्होंने गैर-विधेयात्मक परिभाषाओं से उत्पन्न होने वाले मुद्दों को संबोधित करने के लिए प्रकारों के पदानुक्रम का प्रस्ताव रखा। रसेल का सिद्धांत, जटिल होते हुए भी, परिमित और अनंत संख्याओं के उपचार पर एक नया दृष्टिकोण प्रदान करता है।

इसके बाद अध्याय में श्री ज़र्मेलो के दृष्टिकोण पर चर्चा की गई है, जिसमें विरोधाभास के बिना सभी गणितीय सत्य प्राप्त करने के लिए प्राथमिक सिद्धांतों की एक प्रणाली स्थापित करना शामिल है। ज़र्मेलो सात सिद्धांतों का परिचय देता

है और "निश्चित" और गैर-निश्चित प्रश्नों या कथनों के बीच अंतर करता है। हालाँकि, अध्याय का निष्कर्ष है कि ज़र्मेलो के स्वयंसिद्ध स्पष्ट नहीं लगते हैं और विरोधाभास से उनकी स्वतंत्रता अनिश्चित है।

अंत में, अध्याय उन वस्तुओं के बारे में तर्क करने की व्यवहार्यता पर सवाल उठाता है जिन्हें सीमित संख्या में शब्दों में परिभाषित नहीं किया जा सकता है। यह सुझाव देता है कि ऐसी वस्तुएं महज अमूर्तताएं हैं और सुसंगत तर्क के लिए वस्तुओं को सीमित संख्या में शब्दों में परिभाषित करने के महत्व पर जोर देती हैं।

अध्याय तार्किक तर्क में अनंत से निपटने की जटिलताओं और आगे की खोज और स्पष्टीकरण की आवश्यकता पर प्रकाश डालते हुए समाप्त होता है।

धारा 1 – वर्गीकरण क्या होना चाहिए

क्या अनंत संख्या में वस्तुओं वाले संग्रह पर विचार करते समय तर्क के सामान्य नियमों को बिना बदलाव के लागू किया जा सकता है? यह प्रश्न तब उठा जब अनंत के अध्ययन में विशेषज्ञता रखने वाले गणितज्ञों को स्पष्ट विरोधाभासों का सामना करना पड़ा। क्या ये विरोधाभास तार्किक नियमों के गलत प्रयोग से या केवल सीमित संख्या में वस्तुओं से बने संग्रह के क्षेत्र के बाहर उनकी अमान्यता से उत्पन्न होते हैं? इस मुद्दे पर चर्चा करना और पाठकों को इस पर छिड़ी बहस का एक सिंहावलोकन प्रदान करना सार्थक है।

औपचारिक तर्क अनिवार्य रूप से सभी वर्गीकरणों के लिए सामान्य गुणों का अध्ययन करता है। यह हमें सिखाता है कि यदि दो सैनिक एक ही रेजिमेंट का हिस्सा हैं, तो वे एक ही ब्रिगेड और डिवीजन के हैं। न्यायशास्त्र का संपूर्ण सिद्धांत इसी पर आधारित है। इस तर्क के नियमों की वैधता की शर्त यह है कि अपनाया गया वर्गीकरण अपरिवर्तनीय है। उदाहरण के लिए, यदि हम यह निष्कर्ष निकालते हैं कि दो सैनिक अपनी रेजिमेंट के आधार पर एक ही ब्रिगेड के हैं, तो यह तभी सच है जब उनमें से एक को हमारे तर्क के दौरान किसी अन्य रेजिमेंट में स्थानांतरित नहीं किया गया हो।

जिन एंटीनोमीज़ की पहचान की गई है, वे इस सरल स्थिति की उपेक्षा से उत्पन्न हुए हैं: एक ऐसे वर्गीकरण पर भरोसा करना जो अपरिवर्तनीय नहीं है। हालाँकि हम इसे अपरिवर्तनीय घोषित कर सकते हैं, लेकिन यह वास्तव में ऐसा

नहीं हो सकता है, जिससे विरोधाभास पैदा हो सकता है। आइए श्री रसेल द्वारा उद्धृत एक मनोरंजक उदाहरण पर विचार करें, जो इस बिंदु को दर्शाता है।

वह सबसे छोटी पूर्ण संख्या कौन सी है जिसे एक सौ से कम फ्रेंच शब्दों के वाक्य द्वारा परिभाषित नहीं किया जा सकता है? सबसे पहले, क्या ऐसी कोई संख्या मौजूद है?

हां, क्योंकि एक सौ फ्रेंच शब्दों के साथ, हम सीमित शब्दावली को देखते हुए, केवल एक सीमित संख्या में वाक्य बना सकते हैं। इन वाक्यों में से कुछ में अर्थ की कमी हो सकती है या वे किसी पूर्ण संख्या को परिभाषित करने में विफल हो सकते हैं। हालाँकि, प्रत्येक वाक्य अधिकतम एक पूर्ण संख्या को परिभाषित कर सकता है। इसलिए, इस तरीके से परिभाषित पूर्णांकों की संख्या सीमित है, जिसका अर्थ है कि ऐसे पूर्णांक होने चाहिए जिन्हें परिभाषित नहीं किया जा सकता है और उनमें से, निश्चित रूप से अन्य सभी की तुलना में एक छोटा है।

नहीं, क्योंकि यदि ऐसी कोई संख्या अस्तित्व में है, तो इसका अस्तित्व विरोधाभास का संकेत देगा, क्योंकि इसे एक सौ से कम फ्रांसीसी शब्दों के वाक्य द्वारा परिभाषित किया जाएगा, अर्थात् वाक्य यह दावा करता है कि इसे इस तरह परिभाषित नहीं किया जा सकता है।

यह तर्क एक सौ से कम फ्रेंच शब्दों के वाक्यों द्वारा उनकी निश्चितता के आधार पर पूर्णांकों को दो श्रेणियों में वर्गीकृत करने पर निर्भर करता है। स्पष्ट रूप से, हम अपना तर्क शुरू करने से पहले इस वर्गीकरण को अपरिवर्तनीय घोषित करते हैं। हालाँकि, इस वर्गीकरण को ऐसे सभी वाक्यों की समीक्षा करने के बाद ही अंतिम रूप दिया जा सकता है, जिनमें वर्गीकरण को संदर्भित करने

वाले वाक्य भी शामिल हैं। इस प्रकार, न तो वर्गीकरण और न ही समीक्षा कभी पूरी हो सकती है।

अनंत संग्रहों से निपटते समय ऐसी कठिनाइयाँ और भी अधिक बार उत्पन्न होती हैं। ऐसे संग्रह के तत्वों को संपूर्ण संग्रह के साथ उनके संबंध के आधार पर वर्गीकृत करने का प्रयास करने पर विचार करें। क्या ऐसे वर्गीकरण को कभी अंतिम माना जा सकता है? एक अनंत संग्रह का तात्पर्य लगातार नए तत्वों को जोड़ने की संभावना से है। प्रत्येक जोड़ के लिए वर्गीकरण को संशोधित करने की आवश्यकता हो सकती है, संभावित रूप से पूरी प्रक्रिया के पूर्ण ओवरहाल की आवश्यकता हो सकती है। इसलिए, विधेय वर्गीकरणों के बीच एक अंतर उत्पन्न होता है, जो नए तत्वों की शुरूआत के साथ अपरिवर्तित रहते हैं और गैर-विधेय वर्गीकरण, जिनके लिए निरंतर संशोधन की आवश्यकता होती है।

उदाहरण के लिए, पूर्णांकों को उनके आकार के आधार पर वर्गीकृत करना विधेयात्मक है। यहाँ तक कि जैसे ही नए पूर्णांक पेश किए जाते हैं, जिन्हें पहले से ही दस से छोटे या बड़े के रूप में वर्गीकृत किया गया है, उनका वर्गीकरण बरकरार रहता है। इसके विपरीत, वाक्यों द्वारा उनकी निश्चितता के आधार पर अंतरिक्ष में बिंदुओं को वर्गीकृत करना गैर-विधेयात्मक है। नए बिंदु प्रस्तुत करने से मौजूदा वाक्यों का अर्थ बदल सकता है या वे अर्थहीन हो सकते हैं, जिससे पुनर्वर्गीकरण की आवश्यकता होगी।

कुछ लोग केवल सीमित शब्दों में परिभाषित वस्तुओं के बारे में तर्क करना जायज़ मानते हैं, इस विचार का मैं जल्द ही अपना बचाव करूँगा। इसलिए, हम पा सकते हैं कि पिछला उदाहरण खराब तरीके से चुना गया है, लेकिन इसे संशोधित किया जा सकता है।

पूर्णांकों या बिंदुओं को अंतरिक्ष में वर्गीकृत करने के लिए, हम प्रत्येक को परिभाषित करने वाले वाक्य पर विचार करते हैं। चूँकि एक ही संख्या या बिंदु को कई वाक्यों द्वारा परिभाषित किया जा सकता है, हम उन्हें वर्णानुक्रम में क्रमित करते हैं और पहले को चुनते हैं। हालाँकि, यह एक गैर-पूर्वानुमेय वर्गीकरण की ओर ले जाता है, क्योंकि नए वाक्य अर्थ प्राप्त कर सकते हैं, जिससे वस्तुओं की श्रेणियां बदल सकती हैं।

वर्गीकरण पर यह चर्चा परिभाषाओं पर भी लागू होती है, क्योंकि वे अनिवार्य रूप से वस्तुओं को परिभाषा को संतुष्ट करने वाली और नहीं करने वाली वस्तुओं में वर्गीकृत करते हैं। हालाँकि, कोई परिभाषा नए तत्वों के सामने उसकी स्थिरता के आधार पर विधेयात्मक हो सकती है या नहीं।

पूर्णांकों के उदाहरण पर लौटते हुए, यदि हम उन्हें इस आधार पर वर्गीकृत करते हैं कि वे 10.5 से छोटे हैं या बड़े हैं, तो वर्गीकरण केवल तभी विधेयात्मक रहता है जब प्रत्येक पूर्णांक की परिभाषा स्थिर रहती है। इस प्रकार, एक वर्गीकरण पूर्ण अर्थ के बजाय परिभाषा के एक तरीके के सापेक्ष विधेयात्मक हो सकता है।

धारा 2 – कार्डिनल नाम

कार्डिनल संख्या को परिभाषित करते समय हमें पूर्ववर्ती विचारों को नजरअंदाज नहीं करना चाहिए। दो संग्रहों की तुलना करते समय, हम उनकी वस्तुओं के बीच एक पत्राचार कानून स्थापित करना चाहते हैं, यह सुनिश्चित करते हुए कि पहले संग्रह की प्रत्येक वस्तु दूसरे से बिल्कुल एक वस्तु से मेल खाती है और इसके विपरीत। यदि ऐसा पत्राचार संभव है, तो हम कहते हैं कि दोनों संग्रहों की मूल संख्या समान है।

हालाँकि, इस पत्राचार कानून का विधेयात्मक होना महत्वपूर्ण है। दो अनंत संग्रहों के मामले में, हम किसी भी संग्रह के समाप्त होने की कल्पना नहीं कर सकते। यदि हम पहले संग्रह से एक निश्चित संख्या में वस्तुओं का चयन करते हैं, तो पत्राचार कानून हमें दूसरे में संबंधित वस्तुओं को परिभाषित करने की अनुमति देता है। फिर भी, नई वस्तुओं को पेश करने से यह पत्राचार बदल सकता है, जिससे यह गैर-पूर्वानुमेय हो जाएगा।

आइए इसे दो विपरीत उदाहरणों से स्पष्ट करें। पूर्णांकों के समुच्चय और सम संख्याओं के समुच्चय पर विचार करें। प्रत्येक पूर्णांक का मिलान संबंधित सम संख्या से किया जा सकता है। जब नए पूर्णांक पेश किए जाते हैं, तो समान सम संख्याएँ अपना पत्राचार बनाए रखती हैं, जिससे एक विधेय पत्राचार कानून सुनिश्चित होता है। यह कैंटर के प्रदर्शनों पर लागू होता है जैसे कि यह दिखाना कि तर्कसंगत संख्याओं की कार्डिनल संख्या पूर्णांकों के बराबर होती है या अंतरिक्ष में बिंदुओं की संख्या एक रेखा पर बिंदुओं के बराबर होती है।

इसके विपरीत, मान लीजिए कि हम पूर्णांकों के सेट की तुलना शब्दों की एक सीमित संख्या द्वारा परिभाषित अंतरिक्ष में बिंदुओं से करते हैं। यदि हम इन बिंदुओं को परिभाषित करने वाले वाक्यों को क्रमबद्ध करके एक पत्राचार स्थापित करते हैं, तो नए बिंदुओं को पेश करने से पहले अर्थहीन वाक्यों को अर्थ प्राप्त हो सकता है। नतीजतन, पत्राचार कानून पूरी तरह से बाधित हो जाता है, जिससे यह गैर-विधेयात्मक साबित होता है।

कार्डिनल संख्याओं की तुलना करते समय इस शर्त पर ध्यान न देने से विरोधाभास पैदा हो सकता है। इसलिए, यह निर्दिष्ट करने के लिए कार्डिनल

संख्याओं की परिभाषा को संशोधित करना आवश्यक है कि पत्राचार कानून विधेयात्मक होना चाहिए।

कोई भी पत्राचार कानून तुलना किए जा रहे दो संग्रहों से वस्तुओं के दोहरे वर्गीकरण पर आधारित है। दोनों वर्गीकरण समानांतर होने चाहिए, वस्तुओं को वर्गों, आदेशों, परिवारों आदि में वर्गीकृत किया जाना चाहिए। विधेय होने के लिए, दोनों वर्गीकरणों को स्वयं विधेय होना चाहिए।

धारा 3 – एम रसेल का ज्ञापन

श्री रसेल, अमेरिकन जर्नल ऑफ मैथमेटिक्स, खंड में अपने प्रकाशन में। XXX, जिसका शीर्षक है "प्रकार के सिद्धांत पर आधारित गणितीय तर्क", उपरोक्त के समान विचार प्रस्तुत करता है। वह तर्कशास्त्रियों के बीच सबसे प्रसिद्ध विरोधाभासों को गैर-विधेयात्मक परिभाषाओं से उत्पन्न एक प्रकार के दुष्चक्र के रूप में देखते हैं। रसेल फ्रांसीसी शब्दों "टूस" (सभी) और "क्वेले" (कोई भी) के बीच अंतर करते हैं, यह बताते हुए कि उनके बीच भ्रम विरोधाभास पैदा करता है।

रसेल ने इन मुद्दों को संबोधित करने के लिए प्रकारों के पदानुक्रम का परिचय दिया जिसे वह कहते हैं। वह निचले क्रम के प्रस्तावों के संबंध के आधार पर विभिन्न आदेशों के व्यक्तियों को परिभाषित करता है। उदाहरण के लिए, पहले दर्जे का झूठा व्यक्ति हमेशा झूठ बोलता है, सिवाय इसके कि जब वह कहता है कि "मैं पहले दर्जे का झूठा हूं", जबकि दूसरे दर्जे का झूठा तब भी झूठ बोलता है जब वह कहता है कि "मैं पहले दर्जे का झूठा हूं" लेकिन जब वह कहता है कि "मैं हूँ तो सच बोलता हूँ।" मैं दोयम दर्जे का झूठा हूँ।"

इस पदानुक्रम को पूर्णांकों की परिभाषा में लागू करते हुए, रसेल विधेय परिभाषाओं की आवश्यकता को प्रदर्शित करता है। उदाहरण के लिए, एक आवर्ती गुण एक पूर्णांक को सभी आवर्ती वर्गों से संबंधित के रूप में परिभाषित करता है। हालाँकि, आवर्ती वर्ग की परिभाषा में एक पूर्णांक की धारणा शामिल होती है, जो इसे गैर-विधेयात्मक बनाती है। इसे संबोधित करने के लिए, रसेल ने भविष्यवाणी सुनिश्चित करते हुए विभिन्न आदेशों के आवर्ती वर्गों की अवधारणा पेश की।

इस पदानुक्रम को लेकर सवाल उठते हैं क्या किसी परिमित क्रम के प्रस्तावों पर इसी तरह विचार किया जा सकता है या क्या इसका विस्तार ट्रांसफ़िनिट ऑर्डिनल्स तक होता है? यदि हाँ, तो अनंत आदेशों की वस्तुएं क्या दर्शाती हैं? इसके अतिरिक्त, यदि पदानुक्रम क्रम-क्रम के सिद्धांत पर निर्भर करता है, तो यह प्रकारों के सिद्धांत पर कैसे आधारित हो सकता है?

ये प्रश्न रसेल के सिद्धांत की जटिलता और परिमित और अनंत संख्याओं के लिए इसके निहितार्थ के बारे में और स्पष्टीकरण की आवश्यकता को रेखांकित करते हैं।

धारा 4 – न्यूनता का सिद्धांत

श्री रसेल ने एक नया सिद्धांत प्रस्तुत किया है जिसे रिड्यूसिबिलिटी का सिद्धांत कहा जाता है। इस दावे को समझने के लिए, हमें शोध प्रबंध की शुरुआत में दी गई परिभाषाओं पर दोबारा गौर करना चाहिए। किसी फ़ंक्शन का गठन क्या होता है और विधेय फ़ंक्शन को क्या परिभाषित करता है? यदि किसी प्रस्ताव की पुष्टि किसी विशिष्ट वस्तु से की जाती है, तो यह एक विशेष प्रस्ताव है; यदि किसी अनिश्चित वस्तु की पुष्टि की जाती है, तो यह उस वस्तु का एक प्रस्तावात्मक कार्य बन जाता है। प्रकारों के पदानुक्रम में इस प्रस्ताव का क्रम वस्तु के क्रम के

आधार पर भिन्न होता है। किसी फ़ंक्शन को विधेयात्मक माना जाता है यदि उसका क्रम वस्तु के साथ संरेखित होता है।

इन परिभाषाओं के बाद भी, स्वयंसिद्ध का अर्थ कुछ हद तक अस्पष्ट है और उदाहरण सहायक होंगे। दुर्भाग्य से, श्री रसेल कुछ भी उपलब्ध नहीं कराते हैं, जिससे मुझे अपनी व्याख्या प्रस्तुत करने में झिझक होती है, मुझे डर होता है कि मैं उनके विचारों को गलत तरीके से प्रस्तुत कर सकता हूँ। फिर भी, मुझे इसमें कोई संदेह नहीं है कि यह स्वयंसिद्ध एक नवीन जोड़ का प्रतिनिधित्व करता है। ऐसा माना जाता है कि इस स्वयंसिद्ध के माध्यम से, गणितीय प्रेरण के सिद्धांत का प्रदर्शन किया जा सकता है। मैं इस संभावना से इनकार करने में कम झिझकता हूँ क्योंकि मुझे संदेह है कि स्वयंसिद्ध सिद्धांत उसी सिद्धांत का दूसरा रूप हो सकता है।

यह स्थिति मुझे उन लोगों की याद दिलाती है जो इन परिणामों को स्वयं-स्पष्ट सत्य मानते हुए, इसके परिणामों पर भरोसा करके यूक्लिड की धारणा को सिद्ध करना चाहते हैं। लेकिन वे वास्तव में क्या हासिल करते हैं? क्या इन परिणामों से प्राप्त सत्य स्वयं अभिधारणा से अधिक स्पष्ट है? इस प्रकार, अभिधारणाओं की संख्या बढ़ाने से उनकी गुणवत्ता में आवश्यक सुधार नहीं होता है।

नया अभिगृहीत प्रेरण के सिद्धांत से कैसे आगे निकल जाता है?

1. क्या इसे अधिक सरल एवं स्पष्ट रूप से कहा जा सकता है? हालाँकि श्री रसेल के सूत्रीकरण में सुधार किया जा सकता है, लेकिन यह सीधा नहीं हो सकता है।
2. क्या अभिगृहीत आगमन के सिद्धांत से अधिक सामान्य है, जिससे सिद्धांत से अभिगृहीत प्राप्त करना असंभव हो जाता है?

3. इसके विपरीत, क्या स्वयंसिद्ध सिद्धांत की तुलना में कम सामान्य प्रतीत होता है, स्वयंसिद्ध के भीतर ही अपनी सामग्री को छुपाता है?
4. क्या इस सूक्ति का उपयोग हमारे मनोवैज्ञानिक झुकावों के साथ बेहतर ढंग से मेल खाता है? क्या इसे मनोवैज्ञानिक रूप से उचित ठहराया जा सकता है?

मैंने ये प्रश्न पूछे हैं लेकिन उनका निश्चित रूप से उत्तर देने के लिए मेरे पास पर्याप्त जानकारी नहीं है, क्योंकि मैं अभी तक स्वयंसिद्ध अर्थ को पूरी तरह से समझ नहीं पाया हूँ। हालाँकि, मुझे श्री रसेल के संक्षिप्त स्पष्टीकरण के आधार पर अनुमान लगाने की अनुमति है।

उदाहरण के लिए, सभी आवर्ती वर्गों से संबंधित संख्याओं के रूप में पूर्णांकों की परिभाषा पर विचार करें। जब तक हम आवर्ती वर्गों का क्रम निर्दिष्ट नहीं करते तब तक इस प्रस्ताव का कोई अर्थ नहीं है। तेजी से प्रतिबंधित वर्गों की एक श्रृंखला को परिभाषित करके जैसे कि 1, 2, . और ई क्रम के पूर्णांक, प्रत्येक पिछले के भीतर समाहित हैं, हम पूर्णांक की एक सार्थक परिभाषा पर पहुंचते हैं। क्या यह रिड्यूसिबिलिटी के सिद्धांत का सही अनुप्रयोग है? मैं यह उदाहरण अस्थायी रूप से प्रस्तुत करता हूँ।

इसे मानते हुए, आइए दो पूर्णांकों के योग के संबंध में प्रमेय पर वापस लौटें। हमने स्थापित किया कि वें क्रम के दो पूर्णांकों का योग एक क्रम पूर्णांक है। यह निष्कर्ष निकालने के लिए कि क्रम के दो पूर्णांकों का योग भी क्रम का एक पूर्णांक है, यह दिखाना पर्याप्त है कि यह क्रम का एक पूर्णांक है, चाहे कितना भी बड़ा हो। चूँकि क्रम के पूर्णांक भी क्रम के पूर्णांक हैं, पहले से स्थापित प्रमेय के अनुसार, क्रम का एक पूर्णांक है..।

क्या इस प्रकार कोई श्री रसेल के सिद्धांत का उपयोग कर सकता है? हालाँकि मुझे लगता है कि यह पूरी तरह से सटीक नहीं हो सकता है, अंतर्निहित अवधारणा वही है।

मैं फिलहाल इस पद्धति की वैधता पर चर्चा करने से बचता हूँ। इसके बजाय, मैं निम्नलिखित टिप्पणियाँ प्रस्तुत करता हूँ:

सबसे पहले, नई धारणाओं को परिभाषित करने में हमारी सफलता जैसे कि क्रम की वस्तुओं के साथ-साथ वें क्रम की वस्तुएं, अध्ययन के तहत वर्गीकरण की गैर-विधेयात्मक प्रकृति पर निर्भर करती हैं। नए तत्वों को जोड़ने से पहले से शुरू किए गए और वर्गीकृत तत्वों के वर्गीकरण में समायोजन की आवश्यकता होती है, भले ही हमेशा एक सुसंगत दिशा में हो। ऐसे मामलों में जहाँ दोनों दिशाओं में संशोधन होते हैं, आदेश की वस्तुओं को परिभाषित करने के लिए एक नए सम्मेलन की आवश्यकता होगी।

दूसरे, क्रम के पूर्णांकों की परिभाषा क्रम के पूर्णांकों से भिन्न होती है, बाद वाला क्रम के पूर्णांकों पर निर्भर करता है। जबकि क्रम के पूर्णांकों को पुनरावर्ती रूप से परिभाषित किया जाता है, क्रम के पूर्णांकों को एक सीमित प्रक्रिया के माध्यम से परिभाषित किया जाता है, जो अनंत संख्या में पूर्व धारणाओं पर निर्भर करता है, अर्थात् सभी परिमित आदेशों के पूर्णांकों पर। इस प्रकार, दोनों परिभाषाएँ परिमित और अनंत संख्याओं के बीच अंतर को मानती हैं, जिससे वे इस अंतर को स्थापित करने के लिए अनुपयुक्त हो जाते हैं।

धारा 5 – एम ज़र्मेलो का संस्मरण

श्री ज़र्मेलो हमारे सामने आई कठिनाइयों को हल करने के लिए एक अलग दृष्टिकोण अपनाते हैं। उनका लक्ष्य प्राथमिक सिद्धांतों की एक प्रणाली स्थापित

करना है जो बिना किसी विरोधाभास के सभी गणितीय सत्य प्राप्त करने में सक्षम हो। सिद्धांतों को मौलिक परिभाषाओं को छिपाने वाले मनमाने आदेशों के रूप में देखा जा सकता है। इस प्रकार श्री हिल्बर्ट ज्यामिति की शुरुआत में बिंदुओं, रेखाओं और विमानों जैसी "चीज़ों" का परिचय देते हैं और उनके बीच संबंधों को परिभाषित करते हैं।

इस दृष्टिकोण के वैध होने के लिए, यह प्रदर्शित किया जाना चाहिए कि प्रस्तुत सिद्धांत विरोधाभासी नहीं हैं। श्री हिल्बर्ट यह मानकर ज्यामिति के संबंध में सफल हुए कि विश्लेषण पहले से ही गठित था और इसे अपने प्रदर्शन के लिए उपयोग किया गया। हालाँकि, श्री ज़र्मेलो ने अपने सिद्धांतों में विरोधाभास की कमी का प्रदर्शन नहीं किया, क्योंकि ऐसा करने के लिए पहले से ही स्थापित सत्यों पर भरोसा करने की आवश्यकता होगी, जो उनका मानना है कि अस्तित्व में नहीं है। वह एक साफ स्लेट के साथ शुरुआत करता है, यह उम्मीद करते हुए कि उसके सिद्धांत पूरी तरह से आत्मनिर्भर होंगे।

स्वयंसिद्ध मनमाने आदेश से अपना मूल्य प्राप्त नहीं कर सकते; उन्हें स्वयं स्पष्ट होना चाहिए। हालाँकि साक्ष्य प्रदर्शित नहीं किए जा सकते, हमें साक्ष्य की इस भावना के पीछे के मनोवैज्ञानिक तंत्र को समझने की कोशिश करनी चाहिए। श्री ज़र्मेलो कुछ सिद्धांतों को स्वीकार करते हैं और दूसरों को अस्वीकार करते हैं, हालाँकि उनकी पसंद के कारण तुरंत स्पष्ट नहीं हैं।

उन्होंने कैंटर की सेट की परिभाषा को अस्वीकार करते हुए इसे मनमानी वस्तुओं के डोमेन की धारणा से शुरू किया। उन्होंने सात सिद्धांतों का परिचय दिया:

1. समान तत्वों वाले दो सेट समान हैं।

2. बिना किसी तत्व वाला एक सेट मौजूद है (शून्य सेट); किसी भी वस्तु के लिए, एक सेट मौजूद होता है जिसमें केवल वह वस्तु होती है; किन्हीं दो वस्तुओं के लिए, एक सेट मौजूद होता है जिसमें दोनों वस्तुएं होती हैं।
3. किसी समुच्चय में तत्वों का समुच्चय जो किसी शर्त को संतुष्ट करता है, एक उपसमुच्चय बनाता है।
4. प्रत्येक सेट के लिए, उसके सभी उपसमुच्चय से मिलकर एक और सेट मौजूद होता है।
5. यदि किसी समुच्चय के अवयव स्वयं समुच्चय हैं, तो एक समुच्चय का अस्तित्व होता है जिसके अवयव मूल समुच्चय के अवयव के अवयव होते हैं।
6. यदि किसी समुच्चय के तत्व स्वयं समुच्चय हैं, तो कोई उपसमुच्चय बनाने के लिए इनमें से प्रत्येक समुच्चय में से एक तत्व चुन सकता है।
7. कम से कम एक अनंत समुच्चय मौजूद है।

शब्द "मेंज" (सेट) को जर्मन भाषा में इसके सहज अर्थ के लिए बरकरार रखा गया है, जो इसके सामान्य अर्थ से थोड़ा भिन्न हो सकता है। अनंत की अवधारणा के स्पष्ट संदर्भ से बचने के लिए श्री ज़र्मेलो के अद्वितीय सूत्रीकरण पर जोर देते हुए, 7वें स्वयंसिद्ध पर संक्षेप में चर्चा की गई है।

परिमित संग्रहों पर विचार करते समय पहले छह सिद्धांत स्पष्ट लग सकते हैं, लेकिन श्री ज़र्मेलो संभावित विरोधाभासों से बचने के लिए कैंटर की परिभाषा को खारिज कर देते हैं। वह "निश्चित" प्रश्नों या बयानों के बीच अंतर करते हैं, जिनकी वैधता सिद्धांतों और तार्किक कानूनों का उपयोग करके मनमानी के बिना निर्धारित की जा सकती है और गैर-निश्चित लोगों के बीच। श्री ज़र्मेलो के सिद्धांत में भेद एक महत्वपूर्ण भूमिका निभाता है। जबकि स्वयंसिद्ध शब्द "मेंज" के अर्थ

का विस्तार करते प्रतीत होते हैं, वे शब्दों को परिभाषित करने से कहीं अधिक करते हैं – वे सेट के बारे में तर्क का मार्गदर्शन करते हैं।

अनंत संग्रहों के व्यवहार के संबंध में विचारों में मतभेद उत्पन्न हो जाता है। श्री ज़र्मेलो उन संग्रहों को बाहर कर देते हैं जिन्हें वे ओपन-एंडेड मानते हैं, जहाँ अप्रत्याशित तत्वों को जोड़कर ऑर्डर को लगातार बाधित किया जा सकता है। फिर भी, उन्हें उन सेटों पर विचार करने में कोई परेशानी नहीं है जो इस अर्थ में "बंद" हैं। हालाँकि, यह दृष्टिकोण आवश्यक रूप से विरोधाभास से प्रतिरक्षा की गारंटी नहीं देता है, क्योंकि विरोधाभासों की संभावना अभी भी परिभाषित सेटों के भीतर छिपी हुई है।

निष्कर्ष में, श्री ज़र्मेलो के सिद्धांत स्पष्ट नहीं लगते हैं और विरोधाभास से उनकी स्वतंत्रता अनिश्चित है। हालाँकि उन्होंने विचारों को बंद सेटों और निश्चित प्रश्नों तक सीमित रखकर कुछ विरोधाभासों से बचने का प्रयास किया, लेकिन यह दृष्टिकोण सभी विरोधाभासों से प्रतिरक्षा की गारंटी नहीं दे सकता है। इस प्रतिरक्षा का प्रदर्शन बेहतर होगा, भले ही इसका मतलब तार्किक त्रुटि को स्वीकार करना हो।

धारा 6.- अनंत का उपयोग

क्या उन वस्तुओं के बारे में तर्क करना संभव है जिन्हें सीमित शब्दों में परिभाषित नहीं किया जा सकता है? या क्या हमें उन्हें अकल्पनीय मानना चाहिए? मेरे विचार में, ऐसी वस्तुएँ महज अमूर्तताएँ हैं।

जिन भी वस्तुओं पर हम विचार करते हैं उन्हें या तो शब्दों की एक सीमित संख्या में परिभाषित किया जाएगा या कई अन्य वस्तुओं से अप्रभेद्य रखा जाएगा। हम उनके बारे में सुसंगत रूप से केवल तभी तर्क कर सकते हैं जब हम उन्हें इन

अन्य वस्तुओं से अलग कर लें, आमतौर पर उन्हें सीमित संख्या में शब्दों में परिभाषित करके हासिल किया जाता है।

एक सेट पर विचार करें; इसकी परिभाषा स्वाभाविक रूप से दो भागों में विभाजित होती है: एक इसके तत्वों को सेट के बाहर के तत्वों से अलग करना और दूसरा सेट के भीतर के तत्वों को एक दूसरे से अलग करना। इस परिभाषा के दोनों भागों में शब्दों की सीमित संख्या होनी चाहिए।

यदि हम एक सेट में सभी वस्तुओं के बारे में एक प्रस्ताव पर जोर देते हैं, तो इसका तात्पर्य यह है कि यदि कोई वस्तु परिभाषा के पहले भाग को संतुष्ट करती है, तो प्रस्ताव इस बात पर ध्यान दिए बिना कायम रहेगा कि हम दूसरे भाग को कैसे बताते हैं। हालाँकि, प्रस्ताव को अर्थपूर्ण बनाने के लिए दूसरे भाग का उल्लेख किया जाना चाहिए; अन्यथा, वस्तु अकल्पनीय हो जाती है।

इस दृष्टिकोण के विरुद्ध कुछ आपत्तियाँ उठाई गई हैं। उदाहरण के लिए, शब्दों की एक सीमित संख्या वाले वाक्यों को क्रमांकित किया जा सकता है, जिससे पता चलता है कि सभी विचार योग्य वस्तुओं को भी इसी तरह क्रमांकित किया जा सकता है। हालाँकि, यह धारणा भ्रामक है और विरोधाभास की ओर ले जाती है, जैसा कि कैंटर ने प्रदर्शित किया।

कैंटर ने दिखाया कि अंतरिक्ष में पूर्णांकों और बिंदुओं के बीच पत्राचार का कोई नियम नहीं है जो कुछ शर्तों को पूरा करने वाले शब्दों की एक सीमित संख्या में परिभाषित किया जा सके। यह दर्शाता है कि अंतरिक्ष के बिंदुओं की कार्डिनैलिटी पूर्णांकों से अधिक है।

इससे हमें क्या निष्कर्ष निकालना चाहिए? प्रत्येक गणितीय प्रमेय सत्यापन योग्य होना चाहिए। जबकि हम प्रमेयों में अनंत संख्याओं की बात कर सकते हैं,

सत्यापन केवल परिमित संख्याओं से संबंधित हो सकते हैं। इसलिए, अनंत संख्याओं से संबंधित कोई भी प्रमेय अंततः परिमित संख्याओं के बारे में प्रस्तावों में परिवर्तित किया जाना चाहिए।

नतीजतन, अनंत संख्याओं के संबंध में कोई स्पष्ट सिद्धांत नहीं हो सकते हैं; अनंत संख्याओं के प्रत्येक गुण को परिमित संख्याओं के गुणों से तुलना करके और अनुवाद की सटीकता दिखाकर प्रदर्शित किया जाना चाहिए।

धारा 7 – सारांश

कुछ तर्कशास्त्रियों द्वारा सामना किए गए विरोधाभास कुछ दुष्चक्रों से बचने में उनकी असमर्थता से उत्पन्न होते हैं। जबकि सीमित संग्रहों से निपटने के दौरान उन्हें इन जालों का सामना करना पड़ा, अनंत संग्रहों से निपटने का प्रयास करते समय उन्हें इनका अधिक बार सामना करना पड़ा। पहले मामले में, वे आसानी से उस जाल से बच सकते थे जिसमें वे गिरे थे; हालाँकि, बाद के मामले में, विरोध अधिक गंभीर थे और केवल बौद्धिक खिलौने नहीं थे। चेतावनी दिए जाने पर भी, व्यक्ति अनजाने में इन जालों में फंस सकते हैं, जिससे लगातार बेचैनी हो सकती है।

इन कठिनाइयों को दूर करने के लिए कई प्रयास किए गए हैं, लेकिन कोई भी पूरी तरह से संतोषजनक नहीं रहा है। श्री ज़र्मेलो ने स्वयंसिद्धों की एक त्रुटिहीन प्रणाली का निर्माण करने का प्रयास किया। हालाँकि, इन सिद्धांतों को मनमाने आदेशों के रूप में नहीं देखा जा सकता है, क्योंकि स्लेट को पूरी तरह से साफ करने के बाद उनकी गैर-विरोधाभासी प्रकृति को प्रदर्शित करना असंभव होगा। इस प्रकार, अभिगृहीत स्वतः स्पष्ट होने चाहिए। हालाँकि, वह तंत्र जिसके द्वारा

उनका निर्माण किया गया था, अस्पष्ट है और मेरी राय में, अनंत संग्रह से संबंधित कोई भी प्रस्ताव सहज रूप से स्पष्ट नहीं हो सकता है।

श्री रसेल ने कठिनाई की प्रकृति को बेहतर ढंग से समझा, लेकिन उनके प्रकारों का पदानुक्रम अभी भी क्रमसूचकों के पहले से मौजूद सिद्धांत को मानता है।

मेरे विचार में, निम्नलिखित नियमों का पालन करना समझदारी है:

कभी भी केवल उन वस्तुओं पर विचार न करें जिन्हें सीमित शब्दों में परिभाषित किया जा सकता है।

हमेशा याद रखें कि अनंत के बारे में प्रस्तावों का अनुवाद किया जाना चाहिए या परिमित के बारे में प्रस्तावों का संक्षिप्त विवरण होना चाहिए।

गैर-विधेयात्मक वर्गीकरणों और परिभाषाओं से बचें।

सभी चर्चा किए गए शोध एक सामान्य दृष्टिकोण साझा करते हैं: एक ऐसे छात्र को गणित पढ़ाना जो अभी तक अनंत और परिमित के बीच अंतर को नहीं समझता है। इस अंतर को तुरंत संबोधित करने के बजाय, हम पहले प्रस्तुत करते हैं कि हम अनंत के बारे में क्या जान सकते हैं, फिर धीरे-धीरे परिमित संख्याओं की अवधारणा पेश करते हैं। हालाँकि, यह विधि मनोवैज्ञानिक रूप से त्रुटिपूर्ण और स्वस्थ मनोवैज्ञानिक सिद्धांतों के विपरीत प्रतीत होती है।

श्री रसेल यह तर्क दे सकते हैं कि यह मुद्दा मनोविज्ञान के बजाय तर्क और ज्ञानमीमांसा का है। फिर भी, मेरा तर्क है कि तर्क और ज्ञानमीमांसा स्वाभाविक रूप से मनोविज्ञान से जुड़े हुए हैं। यह मौलिक असहमति चर्चा के अंत को चिह्नित कर सकती है, जो परिप्रेक्ष्य में एक अपूरणीय अंतर को उजागर करती है।

अध्याय 5

गणित और तर्क

यह अध्याय गणित के दार्शनिक और तार्किक पहलुओं पर प्रकाश डालता है, विशेष रूप से अनंत की अवधारणा और इसके निहितार्थों पर ध्यान केंद्रित करता है। लेखक अनंत से जुड़े तर्क के कुछ तरीकों की वैधता के बारे में अन्य गणितज्ञों के साथ एक बहस का वर्णन करता है, जिसके कारण अलग-अलग दृष्टिकोणों के कारण गतिरोध उत्पन्न हुआ।

यह अध्याय अनंत के संबंध में गणितज्ञों के बीच दो विरोधी विचारधाराओं पर प्रकाश डालता है। एक समूह, जिसे व्यवहारवादी कहा जाता है, का मानना है कि अनंतता परिमित से उत्पन्न होती है, जबकि दूसरा समूह, जिसे कैंटोरियन कहा जाता है, का मानना है कि अनंत परिमित से पहले अस्तित्व में है।

लेखक एक प्रमेय की अवधारणा और इसकी सत्यापनीयता पर चर्चा करता है, इस बात पर जोर देता है कि भले ही प्रमेय के कथन में अनंतता शामिल हो, सत्यापन में केवल सीमित संख्याएं शामिल होनी चाहिए। अध्याय आगे प्रमेयों के अर्थ और महत्व पर व्यावहारिकवादियों और कैंटोरियन के भिन्न विचारों की पड़ताल करता है, विशेष रूप से उन प्रमेयों के जिनमें सत्यापन योग्य निष्कर्षों का अभाव है।

अध्याय परिभाषा की अवधारणा पर भी चर्चा करता है, प्रत्यक्ष परिभाषाओं, अभिधारणाओं द्वारा परिभाषाओं और एक तीसरे प्रकार पर चर्चा करता है जिसमें परिभाषित की जाने वाली वस्तु और एक जीनस के सभी व्यक्तियों के बीच संबंध शामिल है। लेखक बताते हैं कि कैसे ये विभिन्न प्रकार की परिभाषाएँ व्यावहारिकवादियों और कैंटोरियन के बीच और अधिक असहमति पैदा करती हैं।

लेखक दो विद्यालयों की अंतर्निहित मानसिक प्रवृत्तियों की पहचान करके निष्कर्ष निकालता है: व्यावहारिक लोग आदर्शवादी होते हैं, उनका मानना है कि कोई वस्तु तभी मौजूद होती है जब उसके बारे में सोचा जाता है, जबकि कैंटोरियन

यथार्थवादी होते हैं, जो इस बात पर जोर देते हैं कि गणितीय संस्थाओं का एक स्वतंत्र अस्तित्व है। इस प्रकार, यह अध्याय गणितीय अवधारणाओं के दार्शनिक आधारों और इन अवधारणाओं के प्रति विभिन्न मानसिक दृष्टिकोणों से उत्पन्न होने वाले भिन्न विचारों की गहरी अंतर्दृष्टि प्रदान करता है।

कुछ साल पहले, मुझे अनंत के तर्क, गणित में अनंत के उपयोग और कैंटर के बाद से अपनाए गए दृष्टिकोणों पर कुछ विचार प्रस्तुत करने का अवसर मिला था। मैंने बताया कि क्यों मैंने तर्क के कुछ तरीकों को, जिन्हें विभिन्न प्रतिष्ठित गणितज्ञों ने अपनाया था, वैध नहीं माना। स्वाभाविक रूप से, मुझे कठोर उत्तर मिले; इन गणितज्ञों ने यह नहीं माना कि उन्होंने गलती की है, उन्होंने अपनी पद्धतियों पर अपना अधिकार जताया। चर्चा जारी रही, नए तर्कों के उभरने के कारण नहीं, बल्कि इसलिए क्योंकि हम उन्हीं बिंदुओं पर वापस आते रहे, प्रत्येक पक्ष दूसरे के दृष्टिकोण को स्वीकार किए बिना अपना रुख दोहराता रहा। हर मोड़ पर, मुझे विवादित सिद्धांत का एक नया प्रदर्शन भेजा गया, कथित तौर पर आपत्तियों को दूर करने के लिए, फिर भी प्रत्येक प्रदर्शन केवल एक दोहराव था। परिणामस्वरूप, हम किसी निष्कर्ष पर नहीं पहुंचे। हालांकि मैं आश्चर्य व्यक्त न करने में लापरवाही करूँगा, लेकिन यह मेरी अंतर्दृष्टि के लिए अपमानजनक होगा।

ऐसी परिस्थितियों में, क्या उन्हीं तर्कों को दोहराना उचित है, भले ही शायद एक अलग प्रस्तुति के साथ, यह जानते हुए कि सार अपरिवर्तित रहता है? मानसिकता में अंतर्निहित अंतर का पता लगाना अधिक विवेकपूर्ण लगता है जो इस तरह के भिन्न विचारों को जन्म देता है। हालाँकि मैंने शुरू से ही इन अप्रासंगिक मतभेदों का पूर्वानुमान लगा लिया था, लेकिन यह दूरदर्शिता हमें स्पष्टीकरण मांगने से मुक्त नहीं करती है। कोई व्यक्ति बार-बार के अनुभवों के माध्यम से

किसी घटना का अनुमान लगा सकता है, फिर भी उसे समझाने में संघर्ष करना पड़ता है।

इसलिए आइए हम दो विरोधी विचारधाराओं के मनोविज्ञान का वस्तुनिष्ठ अध्ययन करें जैसे कि हम अलग-अलग पर्यवेक्षक हों, जो दो चींटी उपनिवेशों के बीच संघर्ष को देखने के समान हो। सबसे पहले, हम अनंत के संबंध में गणितज्ञों के बीच दो विरोधी प्रवृत्तियों पर ध्यान देते हैं। कुछ के लिए, अनंत की उत्पत्ति परिमित से होती है; वहाँ अनंतता है क्योंकि वहाँ संभावित सीमित चीजों की संख्या अनंत है। दूसरों के लिए, अनंत परिमित से पहले अस्तित्व में है; परिमित अनंत से बना एक टुकड़ा मात्र है।

एक प्रमेय सत्यापन योग्य होना चाहिए, लेकिन चूँकि हम सीमित प्राणी हैं, हम केवल सीमित वस्तुओं पर ही काम कर सकते हैं। इस प्रकार, भले ही अनंत प्रमेय के कथन में एक भूमिका निभाता है, इसे सत्यापन में शामिल नहीं किया जाना चाहिए, अन्यथा सत्यापन असंभव हो जाएगा। अभाज्य संख्याओं की अनंतता या श्रृंखला के अभिसरण जैसे प्रमेयों पर विचार करें; जबकि उनमें अनन्तता शामिल है, सत्यापन में केवल सीमित संख्याएँ शामिल हैं। ये प्रमेय अनंत में भाग लेते हैं, इसलिए नहीं कि कोई एकल सत्यापन अनंत को समाहित करता है, बल्कि इसलिए कि अनंत संख्या में संभावित सत्यापन मौजूद हैं।

एक प्रमेय बताते हुए, मैं दावा करता हूँ कि ये सभी सत्यापन सफल होंगे। हालाँकि हम उन सभी को क्रियान्वित नहीं करते हैं, कुछ को संभव माना जाता है क्योंकि उन्हें केवल सीमित समय की आवश्यकता होती है, भले ही इसमें शामिल अत्यधिक श्रम के कारण व्यावहारिक रूप से अव्यवहार्य हो। प्रमेय को सिद्ध करने का उद्देश्य ऐसी अव्यवहारिकता को अनावश्यक बनाना है।

क्या सत्यापन योग्य निष्कर्षों से रहित प्रमेय का कोई अर्थ है? क्या सामान्य तौर पर प्रमेयों का उन सत्यापनों से परे कोई महत्व होता है जिनमें वे शामिल होते हैं? इस मुद्दे पर गणितज्ञों में मतभेद है। व्यावहारिक लोग, जैसा कि मैं उन्हें कहूंगा, नकारात्मक उत्तर देते हैं। जब सत्यापन के साधनों की कमी वाले प्रमेय को प्रस्तुत किया जाता है, तो वे इसे अस्पष्ट कहकर खारिज कर देते हैं। वे केवल सीमित शब्दों में परिभाषित वस्तुओं पर विचार करने पर जोर देते हैं। कुछ शर्तों को पूरा करने वाली वस्तुओं के बारे में तर्क करते समय, वे मान लेते हैं कि परिभाषा को पूरा करने के लिए इस्तेमाल किए गए सटीक शब्दों की परवाह किए बिना ये स्थितियाँ सत्य हैं, जब तक कि शब्द संख्या में सीमित हैं।

दूसरी ओर, कैंटोरियन इस रुख को अस्वीकार करते हैं। उनका तर्क है कि सबसे अधिक बोलने वाला व्यक्ति भी अपने जीवनकाल में एक अरब से अधिक शब्द नहीं बोलेगा। तो क्या हमें एक अरब और एक शब्दों में परिभाषित वस्तुओं को विज्ञान से बाहर कर देना चाहिए? यदि नहीं, तो उन लोगों को बाहर क्यों रखा जाए जिनके लिए अनंत शब्दों की आवश्यकता है, यह देखते हुए कि उनका निर्माण, दूसरों की तरह, मानवता की पहुंच से परे है?

यह तर्क व्यवहारवादियों को प्रभावित करने में विफल रहता है। उनका तर्क है कि मानवता की वाचालता के बावजूद, मौखिक अभिव्यक्ति की क्षमता असीमित है। हालाँकि हम यह अनुमान नहीं लगा सकते कि मानवता कितने समय तक टिकेगी, हम निश्चित हो सकते हैं कि इसकी जाँच हमेशा के लिए सीमित रहेगी। भले ही हम इसके ख़त्म होने की भविष्यवाणी कर सकें, अन्य खगोलीय पिंड इस कार्य को जारी रख सकते हैं। व्यवहारवादी अनंत रूप से क्रियाशील दिव्यता की कल्पना करने से कतराते हैं, जो सीमित समय में अनंत शब्दों के बारे

में सोचने में सक्षम है। हालाँकि, कैंटोरियन इस बात पर जोर देते हैं कि वस्तुएँ किसी भी इकाई से स्वतंत्र रूप से मौजूद होती हैं जो उनके बारे में बोल सकती हैं या सोच सकती हैं, एक स्टोर में वस्तुओं की तरह चयन के लिए उपलब्ध हैं। हालाँकि मानवता या दिव्यता में उन सभी पर चिंतन करने की क्षमता का अभाव हो सकता है, स्टोर की सूची अपरिवर्तित रहती है। इस प्रारंभिक विचलन से, विस्तार में असंख्य विसंगतियाँ उत्पन्न होती हैं।

ज़र्मेलो के प्रमेय पर विचार करें, जिसमें कहा गया है कि अंतरिक्ष को एक सुव्यवस्थित संपूर्ण में बदला जा सकता है। कैंटोरियन सबूत की कठोरता से चकित हैं, चाहे वह वास्तविक हो या स्पष्ट। व्यावहारिक लोग कार्रवाई की मांग करते हैं: "आप दावा करते हैं कि जगह का ऑर्डर दिया जा सकता है; तो इसे करें।" "इसमें बहुत लंबा समय लगेगा।" "कम से कम यह प्रदर्शित करें कि पर्याप्त समय और धैर्य वाला कोई व्यक्ति इसे पूरा कर सकता है।" "नहीं, यह असंभव है, क्योंकि आवश्यक ऑपरेशनों की संख्या अनंत है, एलेफ़-शून्य से भी अधिक।" "क्या आप अंतरिक्ष के क्रम को सक्षम करने वाले कानून को सीमित शब्दों में स्पष्ट कर सकते हैं?" "नहीं।" नतीजतन, व्यावहारिक लोग यह निष्कर्ष निकालते हैं कि प्रमेय में कोई अर्थ नहीं है या यह गलत है या अधिक से अधिक अप्रमाणित है।

व्यावहारिक लोग एक विस्तारित दृष्टिकोण अपनाते हैं, जबकि कैंटोरियन एक गहन परिप्रेक्ष्य का समर्थन करते हैं। हालाँकि यह अंतर परिमित संग्रहों से निपटने के दौरान औपचारिक तर्क के सिद्धांतकारों के लिए कम रुचि रख सकता है, लेकिन अनंत संग्रहों के संबंध में यह अधिक महत्व रखता है। विस्तारित दृष्टिकोण से, नए सदस्यों को क्रमिक रूप से जोड़ने से एक संग्रह बनता है। मौजूदा

वस्तुओं को मिलाकर, हम अनिश्चित काल तक जारी रखते हुए नई वस्तुओं का निर्माण करते हैं। इसके विपरीत, एक गहन दृष्टिकोण से, हम एक ऐसे संग्रह से शुरू करते हैं जिसमें पहले से मौजूद वस्तुएं शुरू में अस्पष्ट होती हैं, बाद में उन्हें अलग और लेबल किया जाता है। वस्तुएं लेबल से पहले होती हैं और संग्रह इसे वर्गीकृत करने के लिए क्यूरेटर के बिना भी बना रहेगा।

कैंटोरियन के लिए, कार्डिनल संख्या की धारणा कोई रहस्य नहीं है। यदि दो संग्रहों को एक ही दराज में रखा जा सकता है तो उनका कार्डिनल नंबर समान है। यह सीधा है क्योंकि दोनों संग्रह स्वतंत्र रूप से मौजूद हैं और हम वस्तुओं को व्यवस्थित करने के लिए जिम्मेदार क्यूरेटर से असंबंधित दराजों के एक सेट के अस्तित्व को भी मान सकते हैं। हालाँकि, व्यावहारिकवादियों के लिए स्थिति भिन्न है। संग्रह पहले से मौजूद नहीं है; जैसे-जैसे नई वस्तुएँ जोड़ी जाती हैं, यह प्रतिदिन बढ़ती जाती है, अक्सर पहले से वर्गीकृत वस्तुओं और वर्गीकरण की विधि पर निर्भर होती है। प्रत्येक नए जोड़ के साथ, क्यूरेटर को इसे समायोजित करने के लिए दराजों को पुनर्व्यवस्थित करने की आवश्यकता हो सकती है। नतीजतन, हम कभी भी निश्चित नहीं हो सकते कि क्या दो संग्रह एक ही दराज में संग्रहीत किए जा सकते हैं, क्योंकि गड़बड़ी की संभावना हमेशा बनी रहती है।

उदाहरण के लिए, व्यवहारवादी केवल उन वस्तुओं को स्वीकार करते हैं जिन्हें सीमित संख्या में शब्दों का उपयोग करके परिभाषित किया जा सकता है। वाक्यांशों के रूप में व्यक्त संभावित परिभाषाओं को हमेशा एक से अनंत तक क्रमांकित किया जा सकता है। इस खाते के अनुसार, केवल एक ही संभावित अनंत कार्डिनल संख्या होगी, जिसका नाम एलेफ-शून्य है। फिर हम यह क्यों कहते हैं कि सातत्य की शक्ति पूर्णांकों की शक्ति नहीं है? अंतरिक्ष में सभी बिंदुओं

को देखते हुए जिन्हें हम शब्दों की एक सीमित संख्या के साथ परिभाषित कर सकते हैं, हम एक कानून की कल्पना कर सकते हैं, जो सीमित संख्या में शब्दों में व्यक्त किया जा सकता है, उन्हें पूर्णांकों के अनुक्रम में मैप किया जा सकता है। हालाँकि, इस मानचित्रण कानून की धारणा को शामिल करने वाले वाक्यों पर विचार करें; पहले, उनका कोई अर्थ नहीं था क्योंकि कानून का आविष्कार नहीं हुआ था और वे अंतरिक्ष में बिंदुओं को परिभाषित नहीं कर सकते थे। अब वे अर्थ प्राप्त करते हैं, जिससे हमें अंतरिक्ष में नए बिंदुओं को परिभाषित करने में मदद मिलती है। फिर भी, ये नए बिंदु मौजूदा वर्गीकरण में फिट नहीं हो सकते हैं, जिससे पुनर्व्यवस्था की आवश्यकता होगी। प्रयोजनवादियों के अनुसार, हमारा यही मतलब है जब हम कहते हैं कि सातत्य की शक्ति पूर्णांकों की शक्ति नहीं है। हमारा तात्पर्य यह है कि इन दोनों सेटों के बीच ऐसी पुनर्व्यवस्थाओं से मुक्त होकर एक मानचित्रण कानून स्थापित करना असंभव है, जैसा कि एक रेखा और एक विमान के साथ व्यवहार करते समय होता है।

नतीजतन, व्यावहारिक लोग निश्चित नहीं हैं कि किसी भी सेट में एक कार्डिनल संख्या होती है या दो सेट दिए जाने पर, हम हमेशा यह निर्धारित कर सकते हैं कि क्या उनके पास समान शक्ति है या यदि एक दूसरे की तुलना में अधिक शक्तिशाली है। इससे उन्हें एलेफ-वन के अस्तित्व पर संदेह होने लगा है।

विचलन का एक अन्य स्रोत परिभाषा की अवधारणा से उत्पन्न होता है। परिभाषाएँ कई प्रकार की होती हैं: प्रत्यक्ष परिभाषाएँ, जो या तो जीनस और विशिष्ट अंतर या निर्माण द्वारा बनाई जा सकती हैं।

यह ध्यान देने योग्य है कि अधूरी परिभाषाएँ हैं, जो किसी व्यक्ति को नहीं बल्कि संपूर्ण जीनस को परिभाषित करती हैं। वैध और बार-बार उपयोग किए

जाने के बावजूद, व्यवहारवादियों का तर्क है कि हमें परिभाषा को संतुष्ट करने वाले व्यक्तियों के समूह का तात्पर्य करना चाहिए, जिसे सीमित संख्या में शब्दों का उपयोग करके पूरा किया जा सकता है। कैंटोरियन इस प्रतिबंध को कृत्रिम और निरर्थक मानते हैं।

यदि केवल प्रत्यक्ष परिभाषाएँ मौजूद होतीं, तो शुद्ध तर्क की नपुंसकता का मुकाबला नहीं किया जा सकता था। किसी भी प्रस्ताव में, हम प्रत्येक पद को उसकी परिभाषा से बदल सकते हैं; इस प्रतिस्थापन को पूरा करने पर या तो प्रस्ताव एक पहचान तक कम नहीं होगा, इसे शुद्ध तर्क द्वारा अप्राप्य बना देगा या यह एक पहचान तक कम हो जाएगा, जिससे यह केवल एक छिपी हुई तनातनी बन जाएगी। हालाँकि, अभिधारणाओं द्वारा परिभाषाएँ भी हैं। आमतौर पर, हम जानते हैं कि परिभाषित करने वाली वस्तु एक जीनस से संबंधित है, लेकिन विशिष्ट अंतर को स्पष्ट करते समय, हम ऐसा सीधे तौर पर नहीं करते हैं, बल्कि एक "अभिधारणा" की मदद से करते हैं जिसे परिभाषित वस्तु को संतुष्ट करना होगा। गणितज्ञ किसी मात्रा को स्पष्ट समीकरण या अंतर्निहित समीकरण द्वारा परिभाषित कर सकते हैं। अभिधारणा-आधारित परिभाषा की वैधता बिना किसी विरोधाभास के परिभाषित वस्तु के अस्तित्व को प्रदर्शित करने पर निर्भर करती है। यह जरूरी है कि इस स्थिति को नजरअंदाज न किया जाए। किसी को या तो विश्वास के कार्य के माध्यम से अंतर्विरोध की अनुपस्थिति को एक सहज सत्य, एक स्वयंसिद्ध के रूप में स्वीकार करना चाहिए, लेकिन अप्रमाणित स्वयंसिद्धों की सूची का विस्तार करने के बारे में जागरूक रहना चाहिए या उदाहरण के द्वारा या प्रेरण तर्क द्वारा एक संपूर्ण प्रदर्शन का निर्माण करना चाहिए। हालाँकि यह प्रदर्शन प्रत्यक्ष परिभाषाओं के लिए कम आवश्यक नहीं है, यह आम तौर पर

अधिक सीधा है। कुछ व्यवहारवादी अधिक कठोर हो सकते हैं: किसी परिभाषा को वैध मानने के लिए, यह पर्याप्त नहीं है कि यह शब्दों में विरोधाभासों से बच जाए; जैसा कि पहले परिभाषित किया गया है, इसका उनके विशेष दृष्टिकोण से भी अर्थ होना चाहिए।

बावजूद इसके, क्या अभिधारणाओं द्वारा परिभाषाएँ प्रस्तुत करने के बाद तर्क बंजर रह जाएगा? अब, कोई प्रस्ताव दिए जाने पर, हम किसी शब्द को उसकी परिभाषा से प्रतिस्थापित नहीं कर सकते; इसके बजाय, हम इसकी परिभाषा के रूप में कार्य करने वाले प्रस्ताव और अभिधारणा के बीच के शब्द को हटा सकते हैं। यदि, जिसे हम तार्किक उन्मूलन के नियम कह सकते हैं, उसका पालन करते हुए, यह ऑपरेशन एक पहचान नहीं देता है, तो प्रस्ताव शुद्ध तर्क द्वारा अप्राप्य है। यदि इससे कोई पहचान मिलती है, तो प्रस्ताव महज एक ताना-बाना है। हमारे पहले के निष्कर्ष अपरिवर्तित हैं।

हालाँकि, एक तीसरी प्रकार की परिभाषा है, जो व्यावहारिकवादियों और कैंटोरियन के बीच एक नई गलतफहमी को जन्म देती है। ये अभी भी अभिधारणाओं द्वारा परिभाषाएँ हैं, लेकिन यहाँ अभिधारणा परिभाषित की जाने वाली वस्तु और एक जीनस के सभी व्यक्तियों के बीच एक संबंध है, जिससे परिभाषित वस्तु को संबंधित माना जाता है (या जिनसे उन प्राणियों को माना जाता है जिन्हें केवल परिभाषित वस्तु द्वारा परिभाषित किया जा सकता है) सदस्य बनने के लिए)। ऐसा तब होता है जब हम निम्नलिखित दो अभिधारणाएँ प्रस्तुत करते हैं:

1 (परिभाषित करने के लिए वस्तु) का जीनस के सभी व्यक्तियों के साथ ऐसा संबंध है।

2 परिभाषित की जाने वाली वस्तु जीनस जी से संबंधित है।

या निम्नलिखित तीन अभिधारणाएँ:

1 परिभाषित की जाने वाली वस्तु का जीनस के सभी व्यक्तियों के साथ ऐसा संबंध होता है।

2 परिभाषित करने वाली वस्तु का X से ऐसा संबंध है।

3 परिभाषित की जाने वाली वस्तु X से संबंधित है।

व्यवहारवादियों के लिए, ऐसी परिभाषा एक दुष्चक्र का संकेत देती है। हम जीनस के सभी व्यक्तियों को जाने बिना वस्तु को परिभाषित नहीं कर सकते, जिसमें इनमें से कौन सा व्यक्ति शामिल है। कैंटोरियन इस धारणा को अस्वीकार करते हैं; जीनस दिया गया है, इसलिए हम इसके सभी व्यक्तियों को जानते हैं और परिभाषा का उद्देश्य केवल इन व्यक्तियों के बीच, बताए गए संबंध वाले व्यक्ति को अलग करना है। नहीं, उनके विरोधियों का तर्क है, जीनस का ज्ञान उसके सभी व्यक्तियों के ज्ञान के बराबर नहीं है; यह केवल उन सभी को या जितनी चाहें उतनी संख्या में निर्माण करने की क्षमता प्रदान करता है। वे निर्मित होने, अर्थात् परिभाषित होने के बाद ही अस्तित्व में रहते हैं; परिभाषित की जाने वाली वस्तु पूरी तरह से उसकी परिभाषा के माध्यम से मौजूद होती है, जिसका अर्थ केवल तभी होता है जब हम जीनस के सभी व्यक्तियों, विशेष रूप से पहले से जानते हों। वे आगे कहते हैं, यह तर्क देना व्यर्थ होगा कि इसके संबंध से परिभाषित करने से कोई दुष्चक्र नहीं बनता है, कि यह संबंध मूलतः एक अभिधारणा है जिसे परिभाषित किया जा सकता है; क्योंकि हमें पहले ही यह स्थापित कर लेना चाहिए कि इस अभिधारणा में विरोधाभास नहीं है, जो आमतौर पर ऐसी परिभाषाओं में नहीं किया जाता है। सबसे पहले, हम प्रदर्शित करते हैं कि

किसी भी जीनस के लिए, जिसके व्यक्तियों को ज्ञात माना जाता है, एक अस्तित्व मौजूद है जो इस जीनस के साथ कथित संबंध रखता है; दूसरे शब्दों में, इस अस्तित्व का अस्तित्व विरोधाभास का कारण नहीं बनता है। यह दिखाया जाना बाकी है कि इस अस्तित्व के अस्तित्व और इस धारणा के बीच कोई विरोधाभास नहीं है कि यह जीनस से संबंधित है।

बहस अनिश्चित काल तक जारी रह सकती है। फिर भी, जिस बिंदु पर मैं प्रकाश डालना चाहता हूँ वह यह है कि यदि इस प्रकार की परिभाषा को स्वीकार कर लिया गया, तो तर्क अब निष्फल नहीं रहेगा। हमने कई तर्कों का निर्माण किया है जिनका उद्देश्य उन प्रस्तावों को प्रदर्शित करना है जो कि ताना-बाना नहीं हैं, क्योंकि कुछ लोग आश्चर्य करते हैं कि क्या वे झूठे हो सकते हैं। और फिर, हम उस शक्ति पर आश्चर्यचकित हो जाते हैं जो एक शब्द में हो सकती है। यहाँ एक ऐसी वस्तु है जिससे तब तक कुछ भी प्राप्त नहीं किया जा सकता जब तक इसका नाम नहीं रखा गया। केवल इसे बपतिस्मा देना ही चमत्कार करने के लिए पर्याप्त था। यह कैसे संभव है? इसे एक नाम देकर, हमने स्पष्ट रूप से इसके अस्तित्व (यानी, विरोधाभास से इसकी मुक्ति) और इसके पूर्ण निर्धारण की पुष्टि की है। फिर भी, जैसा कि व्यवहारवादियों का तर्क है, हम इसके बारे में कुछ नहीं जानते हैं। तो, कौन सा तंत्र प्रदर्शन को उपयोगी बनाता है? यह काफी सरल है: हम प्रदर्शित किए जाने वाले प्रस्ताव को अस्वीकार करते हैं और प्रदर्शित करते हैं कि हम वस्तु के अस्तित्व के साथ विरोधाभास का सामना करते हैं। यह केवल तभी वैध है यदि हम इस अस्तित्व के बारे में निश्चित हैं और इसके विपरीत, यदि हम जानते हैं कि वस्तु पूरी तरह से निर्धारित है। वास्तव में, यदि परिभाषा के अनुसार जीनस से निष्कर्ष निकाला जाता है, यदि हम वस्तु और

उसी प्रकार के अन्य·व्यक्तियों को जोड़कर जीनस को पूरा करते हैं जो इससे प्राप्त किया जा सकता है और यदि हम इस प्रकार पूर्ण जीनस कहते हैं और इससे क्या निष्कर्ष निकाला जाएगा परिभाषा के अनुसार जिस तरह से निष्कर्ष निकाला गया था, हमें यह सुनिश्चित करना चाहिए कि वह इसके समान है। यदि नहीं और प्रदर्शित किए जाने वाले प्रस्ताव को अस्वीकार करने से, हम दो विरोधाभासी बयानों की ओर बढ़ रहे हैं:

हमें कैसे पता चलेगा कि यह वही है? दोनों में कौन है? यदि एक और दूसरे में प्रकट होते हैं, तो दो प्रस्ताव लिखे जाएँगे और अब सामान्य रूप से विरोधाभासी नहीं होंगे।

फिर व्यवहारवादी यह आपत्ति क्यों करते हैं? क्योंकि जीनस उन्हें केवल एक संग्रह के रूप में दिखाई देता है जो अनिश्चित काल तक बढ़ने में सक्षम है, क्योंकि नए व्यक्तियों का निर्माण उपयुक्त विशेषताओं के साथ किया जाता है। इसलिए, इसे कभी भी भिन्न रूप में प्रस्तुत नहीं किया जा सकता है, जैसा कि कैंटोरियन करते हैं और हम निश्चित नहीं हैं कि नए अनुबंधों के माध्यम से, यह नहीं बदलेगा।

मैंने गणितज्ञों के दो विद्यालयों के बीच मतभेदों को यथासंभव स्पष्ट और निष्पक्ष रूप से समझाने का प्रयास किया है और मुझे ऐसा लगता है कि असली कारण स्पष्ट है। इन दोनों विद्यालयों के विद्वानों की मानसिक प्रवृत्तियाँ परस्पर विरोधी हैं: जिन्हें मैंने व्यावहारिक कहा है वे आदर्शवादी हैं, जबकि कैंटोरियन यथार्थवादी हैं।

एक चीज़ जो इस परिप्रेक्ष्य का समर्थन करती है वह है कैंटोरियंस द्वारा ज्ञानमीमांसा की निरंतर चर्चा (कृपया इस सुविधाजनक शब्द को क्षमा करें, क्योंकि मैं यहाँ न केवल कैंटर के मार्ग का अनुसरण करने वाले गणितज्ञों का

उल्लेख करना चाहता हूँ, न ही शायद उनके अनुयायी होने का दावा करने वाले दार्शनिकों का भी, बल्कि उन लोगों का भी उल्लेख करना चाहता हूँ जो समान प्रवृत्तियों को स्वतंत्र रूप से साझा करें)। यह अच्छी तरह से समझा जाता है कि यह ज्ञानमीमांसा मनोविज्ञान से पूरी तरह अलग है; इसका उद्देश्य हमें यह सिखाना है कि यदि वैज्ञानिक न होते तो विज्ञान कैसा होता। हमें वैज्ञानिकों के अस्तित्व का अनुमान लगाए बिना या कम से कम उनकी उपस्थिति का अनुमान लगाए बिना विज्ञान का अध्ययन करना चाहिए। इस प्रकार, न केवल प्रकृति एक वास्तविकता है जो उस भौतिक विज्ञानी से स्वतंत्र है जो इसका अध्ययन कर सकता है, बल्कि भौतिकी स्वयं एक वास्तविकता है जो भौतिकविदों के बिना भी अस्तित्व में होगी। यह यथार्थवाद है।

व्यवहारवादी उन वस्तुओं को अस्वीकार क्यों करते हैं जिन्हें शब्दों की एक सीमित संख्या द्वारा परिभाषित नहीं किया जा सकता है? ऐसा इसलिए है क्योंकि उनका मानना है कि किसी वस्तु का अस्तित्व तभी होता है जब उसके बारे में सोचा जाता है और हम बिना सोचे-समझे विषय के किसी वस्तु की कल्पना नहीं कर सकते। यह वास्तव में आदर्शवाद है चूँकि सोचने का विषय एक सीमित प्राणी है, अनंत का मतलब केवल इच्छानुसार कई सीमित वस्तुओं को बनाने की संभावना हो सकता है।

यहाँ एक जिज्ञासु अवलोकन किया जा सकता है। यथार्थवादी आम तौर पर भौतिक वस्तुओं, व्यक्तिगत आत्माओं या जिसे वे पदार्थ कहते हैं, के स्वतंत्र अस्तित्व पर जोर देते हुए भौतिक परिप्रेक्ष्य अपनाते हैं। उनके अनुसार संसार मानवता की उत्पत्ति से भी पहले, जीवित प्राणियों से भी पहले अस्तित्व में था और ईश्वर या किसी विचारशील विषय के बिना भी इसका अस्तित्व बना रहेगा। यह

दृष्टिकोण सामान्य ज्ञान के अनुरूप है और इसे चुनौती देने के लिए चिंतन की आवश्यकता है। भौतिक यथार्थवाद के समर्थक अक्सर परिमितवाद की ओर झुकते हैं; कांतियन एंटीनोमीज़ में, वे सिद्धांतों का समर्थन करते हैं और दुनिया की सीमा में विश्वास करते हैं। उदाहरण के लिए, यह श्री एवलिन के दृष्टिकोण से मेल खाता है। इसके विपरीत, आदर्शवादी समान अनिच्छा साझा नहीं करते हैं और विरोधाभासों की सदस्यता लेने के लिए तैयार होते हैं।

हालाँकि, गणितीय संस्थाओं के संबंध में भी कैंटोरियन यथार्थवादी हैं। उनका मानना है कि इन संस्थाओं का एक स्वतंत्र अस्तित्व है; गणितज्ञ उन्हें बनाता नहीं बल्कि खोजता है। इन वस्तुओं का अस्तित्व है, ऐसा कहा जा सकता है, अस्तित्व के बिना, क्योंकि वे शुद्ध सार में बदल जाते हैं। फिर भी, चूँकि स्वभाव से ये वस्तुएं संख्या में अनंत हैं, गणितीय यथार्थवाद के समर्थकों का झुकाव आदर्शवादियों की तुलना में अनंतवाद की ओर अधिक है। उनकी अनंतता बनने की प्रक्रिया नहीं है, क्योंकि यह मन की खोज से पहले की है। चाहे वे इसे स्वीकार करें या न करें, उन्हें वास्तविक अनंतता में विश्वास करना चाहिए।

यहाँ, हम प्लेटो के विचारों के सिद्धांत को पहचानते हैं। प्लेटो को यथार्थवादियों में वर्गीकृत करना अजीब लग सकता है, फिर भी समकालीन आदर्शवाद का प्लेटोवाद से अधिक विरोध कुछ भी नहीं है, हालाँकि यह भौतिक यथार्थवाद से भी काफी भिन्न है।

मैंने कभी भी प्लेटोनिक अर्थ में, हर्मिट से अधिक यथार्थवादी गणितज्ञ का सामना नहीं किया है और फिर भी मुझे यह स्वीकार करना होगा कि मैं कैंटोरिज्म के प्रति अधिक प्रतिरोधी किसी से भी नहीं मिला हूँ। इसमें एक विरोधाभास प्रतीत होता है, खासकर जब से वह अक्सर दोहराते थे, “मैं कैंटोरियन विरोधी हूँ क्योंकि

मैं एक यथार्थवादी हूँ।" उन्होंने केवल वस्तुओं की खोज करने के बजाय उन्हें बनाने के लिए कैंटर की आलोचना की। शायद अपने धार्मिक विश्वासों के कारण, उन्होंने सीधे उस क्षेत्र में जाना अपवित्र समझा जिसे केवल ईश्वर ही समझ सकता है और उसके रहस्यों को एक-एक करके प्रकट करने की प्रतीक्षा नहीं करता था। उन्होंने गणितीय विज्ञान की तुलना प्राकृतिक विज्ञान से की। एक प्रकृतिवादी जिसने अनुभव से परामर्श करने के बजाय ईश्वर के रहस्यों को जानने का प्रयास किया, वह न केवल अभिमानी प्रतीत होगा बल्कि ईश्वरीय महिमा का अनादर भी करेगा। उनके विचार में कैंटोरियन गणित में भी यही धारणा प्रदर्शित करते प्रतीत होते हैं। इसलिए, सैद्धांतिक रूप से एक यथार्थवादी होते हुए भी, वह व्यावहारिक रूप से एक आदर्शवादी थे। वास्तविकता अस्तित्व में है और बाहरी है तथा हमसे स्वतंत्र है, लेकिन इसके बारे में हम जो कुछ भी जान सकते हैं वह हम पर निर्भर करता है, जो केवल एक भविष्य का निर्माण करता है, जो कि स्तरित विजयों का एक क्रम है। बाकी सब वास्तविक है लेकिन शाश्वत रूप से अज्ञात है।

हर्मिट का मामला अनोखा है और मैं इस पर आगे विस्तार से ध्यान नहीं दूँगा। दर्शनशास्त्र में विरोधी प्रवृत्तियाँ हमेशा मौजूद रही हैं और ऐसा नहीं लगता कि उनमें सामंजस्य हो पाएगा। ऐसा इसलिए है क्योंकि आत्माएं अलग-अलग हैं और हम उन्हें बदल नहीं सकते। इसलिए, व्यावहारिकवादियों और कैंटोरियन के बीच समझौते की उम्मीद कम है। लोग आपस में नहीं मिलते क्योंकि वे एक ही भाषा नहीं बोलते हैं और ऐसी भाषाएँ भी हैं जिन्हें सीखा नहीं जा सकता।

फिर भी, गणित में, वे आम तौर पर एक साथ काम करने का एक तरीका ढूंढते हैं, ठीक उसी वजह से जिसे मैंने सत्यापन कहा है। अंत में, सत्यापन न्यायाधीशों और सभी को इसके आगे झुकना होगा। हालाँकि, जहाँ इन सत्यापनों

की कमी है, गणितज्ञ मात्र दार्शनिकों से अधिक उन्नत नहीं हैं। जब यह निर्धारित करने की बात आती है कि क्या किसी प्रमेय का सत्यापन किए बिना कोई अर्थ हो सकता है, तो इसका निर्णय कौन कर सकता है, क्योंकि परिभाषा के अनुसार हम सत्यापन करने से बचते हैं? हमारा एकमात्र सहारा अपने प्रतिद्वंद्वी को विरोधाभास में फंसाना होगा। हालाँकि, इस दृष्टिकोण का प्रयास किया गया है और यह विफल रहा है।

अनेक विरोधाभासों की ओर इशारा किया गया है और असहमति बनी हुई है; किसी को भी आश्वस्त नहीं किया गया है एक विरोधाभास से, कोई हमेशा शब्दों के घुमा-फिराकर, भेद से बाहर निकल सकता है।

☯☯☯

अध्याय 6
क्वांटा की परिकल्पना

यह अध्याय क्वांटा की परिकल्पना पर प्रकाश डालता है, एक अवधारणा जिसने यांत्रिकी के क्षेत्र में क्रांति ला दी। इसकी शुरुआत न्यूटन के नियमों द्वारा दर्शाए गए पुराने यांत्रिकी की तुलना लोरेंत्ज़ के यांत्रिकी से करने से होती है, जो सापेक्षता के सिद्धांत पर आधारित है। अध्याय इस बात पर जोर देता है कि जबकि लोरेंत्ज़ की यांत्रिकी न्यूटन से भिन्न होती है, यह वहीं टिकी रहती है जहाँ दोनों भिन्न होते हैं।

अध्याय फिर क्वांटा के विचार का परिचय देता है, यह सुझाव देता है कि गति के नियम अंतर समीकरणों द्वारा व्यक्त नहीं किए जा सकते हैं, जैसा कि पहले सोचा गया था। इससे थर्मोडायनामिक्स और संभाव्यता पर चर्चा होती है, गैसों के गतिज सिद्धांत और सांख्यिकीय संतुलन की अवधारणा को समझाया जाता है।

फिर विकिरण के नियम का पता लगाया जाता है, जिसमें काले विकिरण के नियम और प्लैंक के नियम पर ध्यान केंद्रित किया जाता है। अध्याय बताता है कि कैसे ये नियम समविभाजन के नियम से विचलित हो जाते हैं, जिससे ऊर्जा क्वांटा की शुरुआत होती है। प्लैंक की परिकल्पना के अनुसार, प्रत्येक अनुनादक केवल अलग-अलग वृद्धि में ऊर्जा प्राप्त या खो सकता है, जिसे क्वांटा के रूप में जाना जाता है।

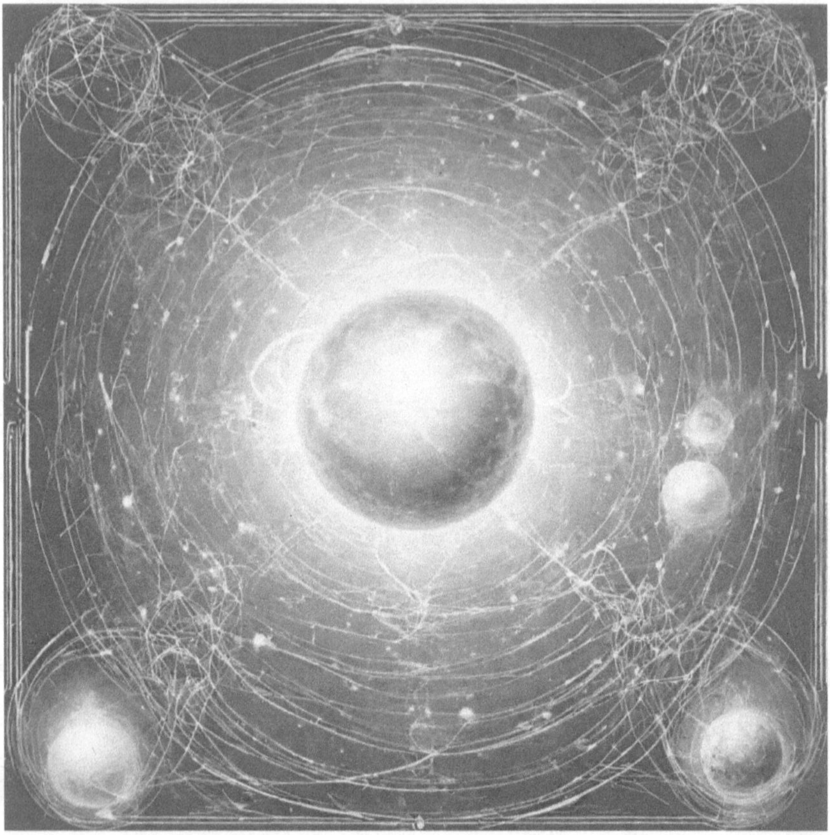

अध्याय इस परिकल्पना के निहितार्थों पर चर्चा के साथ समाप्त होता है, जिसमें हस्तक्षेप घटना की हमारी समझ के लिए प्रस्तुत चुनौतियों पर प्रकाश डाला गया है। यह इस संभावना की भी खोज करता है कि सभी यांत्रिक बल विद्युत चुम्बकीय उत्पत्ति से उत्पन्न होते हैं, जिससे क्वांटा से काफी भिन्न परिकल्पनाएँ उत्पन्न होती हैं।

संक्षेप में, यह अध्याय क्वांटा की परिकल्पना, इसके निहितार्थ और यांत्रिकी की हमारी समझ के लिए प्रस्तुत चुनौतियों का एक व्यापक अवलोकन प्रदान करता है। यह पदार्थ और बिजली को निरंतर देखने से लेकर उन्हें अविभाज्य

परमाणुओं या क्वांटा से बना देखने के बदलाव पर प्रकाश डालता है, जो यांत्रिकी के क्षेत्र में एक महत्वपूर्ण विकास को दर्शाता है।

किसी को आश्चर्य हो सकता है कि क्या यांत्रिकी एक नई उथल-पुथल के कगार पर है। हाल ही में, ब्रुसेल्स में एक कांग्रेस बुलाई गई, जहाँ विभिन्न राष्ट्रीयताओं के लगभग बीस भौतिक विज्ञानी एकत्र हुए और कोई भी अक्सर उन्हें पुराने यांत्रिकी के विपरीत नए यांत्रिकी के बारे में चर्चा करते हुए सुन सकता था। लेकिन यह पुराना यांत्रिकी क्या था? क्या यह न्यूटन का था, जो 19वीं सदी के अंत में भी निर्विरोध प्रभुत्व कायम था? नहीं, यह लोरेंत्ज़ की मैकेनिक्स थी, जो सापेक्षता के सिद्धांत पर आधारित थी, जो, सिर्फ पाँच साल पहले, साहस की पराकाष्ठा लगती थी।

क्या इसका मतलब यह है कि लोरेंत्ज़ मैकेनिक्स के पास केवल क्षणभंगुर भाग्य था, कि यह एक अस्थायी कल्पना थी और हम उन पुराने देवताओं की ओर लौटने वाले हैं जिन्हें हमने अनजाने में त्याग दिया था? बिल्कुल नहीं। अतीत की उपलब्धियाँ बरकरार हैं; जहाँ भी लोरेंत्ज़ की यांत्रिकी न्यूटन से भिन्न होती है, वह कायम रहती है। हम अब भी मानते हैं कि कोई भी गतिमान पिंड कभी भी प्रकाश की गति से अधिक नहीं हो सकता है, कि किसी पिंड का द्रव्यमान स्थिर नहीं है, बल्कि उसके वेग और उस पर लगने वाले बल के साथ उसके द्वारा बनाए गए कोण पर निर्भर करता है और यह कि कोई भी प्रयोग कभी भी यह निर्धारित नहीं कर सकता है कि कोई पिंड आराम की स्थिति में है या पूर्ण गति में है या तो पूर्ण स्थान के सापेक्ष या यहाँ तक कि ईथर के सापेक्ष भी।

हालाँकि, इन साहसी प्रस्तावों के साथ-साथ, नए और कहीं अधिक परेशान करने वाले प्रस्ताव भी हैं। हम अब केवल यह प्रश्न नहीं कर रहे हैं कि क्या

गतिशीलता के विभेदक समीकरणों में संशोधन की आवश्यकता है, बल्कि यह भी कि क्या गति के नियमों को अभी भी विभेदक समीकरणों द्वारा व्यक्त किया जा सकता है। और यह न्यूटन के बाद से प्राकृतिक दर्शन में आई सबसे गहरी क्रांति का प्रतीक होगा। न्यूटन की स्पष्ट प्रतिभा ने वास्तव में महसूस किया था (या माना जाता है कि हमने इस पर सवाल उठाना शुरू कर दिया है) कि एक गतिशील प्रणाली की स्थिति या अधिक सामान्यतः ब्रह्मांड की स्थिति, केवल इसकी तत्काल पूर्ववर्ती स्थिति पर निर्भर हो सकती है, कि प्रकृति में सभी परिवर्तन होते हैं लगातार घटित होना चाहिए बेशक, उन्होंने इस विचार का आविष्कार नहीं किया था; यह पूर्वजों और विद्वानों के विचारों में मौजूद था, जिन्होंने कहावत का प्रचार किया: नेचुरा नॉन फेसिट साल्टस। हालाँकि, इसे कई प्रकार के खरपतवारों ने दबा दिया था, जिसने इसके विकास को रोक दिया था और जिसे 17 वीं शताब्दी के महान दार्शनिकों ने अंततः काट दिया।

ख़ैर, यह मौलिक विचार ही है जो अब सवालों के घेरे में है; हमें आश्चर्य है कि क्या असंततता, न केवल स्पष्ट बल्कि आवश्यक, को प्राकृतिक नियमों में शामिल करने की आवश्यकता है और हमें पहले यह बताना होगा कि हम इस तरह के असाधारण दृष्टिकोण पर कैसे पहुंच सकते हैं।

धारा 1 – थर्मोडायनामिक्स और संभाव्यता

आइए गैसों के गतिज सिद्धांत पर वापस लौटें। गैसें अत्यधिक गति से सभी दिशाओं में घूमने वाले अणुओं से बनी होती हैं; यदि, समय-समय पर, वे एक-दूसरे से या कंटेनर की दीवारों से नहीं टकराते, तो उनके प्रक्षेप पथ सीधी रेखाएँ होते। आकस्मिक टकराव अंततः गति का एक निश्चित औसत वितरण स्थापित करते हैं, चाहे उनकी दिशा या उनके परिमाण पर विचार करें। जब भी गड़बड़ी होती है

तो यह औसत वितरण स्वतः ही बहाल हो जाता है। इस प्रकार, आंदोलनों की जटिल जटिलता के बावजूद, एक पर्यवेक्षक जो केवल औसत देख सकता है वह केवल बहुत ही सरल कानूनों को मानता है, जो संभावनाओं और बड़ी संख्याओं के खेल का परिणाम हैं। यह सांख्यिकीय संतुलन है उदाहरण के लिए, वेगों को सभी दिशाओं में समान रूप से वितरित किया जाएगा क्योंकि यदि वे क्षण भर के लिए बंद हो जाते हैं, यदि वे एक सामान्य दिशा लेने की प्रवृत्ति रखते हैं, तो टकराव जल्दी ही उन्हें इस संरेखण को खो देंगे।

गणना से एक और परिणाम निकलता है: प्रत्येक अणु की औसत गतिज ऊर्जा उसकी स्वतंत्रता की डिग्री की संख्या के समानुपाती होती है। मैं समझाता हूं: एक शरीर विभिन्न बहुत छोटी-छोटी गतिविधियों से गुजर सकता है; उदाहरण के लिए, एक भौतिक बिंदु तीन अक्षों के साथ गति कर सकता है, जिससे उसे तीन डिग्री की स्वतंत्रता मिलती है; एक गोला तीनों अक्षों में से प्रत्येक के समानांतर अनुवाद कर सकता है या इन तीन अक्षों के चारों ओर घूम सकता है, जिससे उसे छह डिग्री की स्वतंत्रता मिलती है। अब, एक अणु मात्र एक भौतिक बिंदु नहीं है; यह विरूपण से गुजर सकता है, इस प्रकार स्वतंत्रता की कई डिग्री होती है। उदाहरण के लिए, एक आर्गन अणु में 3 होता है, जबकि एक ऑक्सीजन अणु में 5 होता है। हम जो कानून बता रहे हैं, उसके अनुसार, जिसे समविभाजन के नियम के रूप में जाना जाता है, यदि सांख्यिकीय संतुलन में, एक आर्गन अणु में एक निश्चित तापमान पर एक निश्चित गतिज ऊर्जा होती है, एक ऑक्सीजन अणु में गतिज ऊर्जा होनी चाहिए। यह नियम गैसों के लिए सही है और संशोधनों के साथ, तरल पदार्थों और ठोस पदार्थों पर भी लागू होता है यदि गतिशीलता के सामान्य नियम उनके लिए मान्य हैं।

कार्नोट का सिद्धांत या थर्मोडायनामिक्स का दूसरा नियम, हमें सिखाता है कि दुनिया एक अंतिम स्थिति की ओर बढ़ती है जिससे वह विचलित नहीं हो सकती। इसलिए, यह हमें सिखाता है कि सांख्यिकीय संतुलन संभव है। यदि ऐसा नहीं होता, तो किसी को हमेशा कोई ऐसा उपकरण मिल सकता था जो उस चीज़ को साकार करने की अनुमति देता जिसे दूसरे प्रकार की सतत गति कहा जाता है। उदाहरण के लिए, कोई भाप इंजन को बर्फ से गर्म कर सकता है, इस तथ्य का लाभ उठाते हुए कि हालांकि बर्फ, चाहे कितनी भी ठंडी हो, पूर्ण शून्य पर नहीं होती है और इसमें कुछ गर्मी होती है। यदि निकाय A और B या निकाय B और C या अंततः निकाय C और A को संपर्क में लाते समय सांख्यिकीय संतुलन के नियम समान नहीं होते, तो कभी-कभी इनमें से दो निकायों को, कभी-कभी दो अन्य निकायों को एक साथ लाना आसान होता। , इस संतुलन की स्थितियों को लगातार बदलने के लिए। इस प्रकार, इन निकायों को कभी भी अंतिम विश्राम नहीं मिलेगा और कोई वास्तविक सांख्यिकीय संतुलन नहीं होगा; कार्नोट का सिद्धांत मिथ्या होगा।

किस उल्लेखनीय संयोग से इस संतुलन की स्थितियाँ हमेशा एक समान रहती हैं, भले ही पिंडों को संपर्क में क्यों न लाया जाए? पूर्ववर्ती विचार हमें इसे समझने में मदद करते हैं; ऐसा इसलिए है क्योंकि हैमिल्टन के अंतर समीकरणों द्वारा व्यक्त गतिशीलता के सामान्य नियम सभी निकायों पर लागू होते हैं।

इन अवधारणाओं की अब तक हमेशा अनुभव से पुष्टि की गई थी और अब पर्याप्त सत्यापन हो चुके हैं कि उन्हें संयोग के लिए जिम्मेदार नहीं ठहराया जा सकता है। इसलिए, यदि नए प्रयोग अपवाद प्रकट करते हैं, तो हमें सिद्धांत को

त्यागना नहीं चाहिए बल्कि इसे संशोधित करना चाहिए, नए तथ्यों को शामिल करने के लिए इसका विस्तार करना चाहिए।

ऐसा नहीं है कि शुरुआत से ही सभी के सामने कुछ आपत्तियां प्रस्तुत नहीं की गईं। अणु, परमाणु स्वयं भौतिक बिंदु नहीं हैं; यदि उनके पास आयाम हैं, तो क्या उन्हें बिल्कुल कठोर निकायों में समाहित करना स्वीकार्य है? या आर्गन अणु कितना भी सरल क्यों न हो, वह गणितीय बिंदु नहीं हो सकता; यह एक गोला होगा यह गोला घूम क्यों नहीं सकता और यदि यह घूमता है, तो 3 के बजाय 6 डिग्री की स्वतंत्रता बन जाएगी? जब तक हम यह नहीं मानते कि टकराव, जो अणु के अनुवाद को संशोधित करने में सक्षम है, का इसके घूर्णन पर बिल्कुल कोई प्रभाव नहीं पड़ता है; कि वे इस अणु को थोड़ी सी भी विकृति आदि के अधीन नहीं कर सकते। इसके अलावा, स्पेक्ट्रम की प्रत्येक पंक्ति स्वतंत्रता की एक डिग्री से मेल खाती है। कहने की जरूरत नहीं है, ऑक्सीजन स्पेक्ट्रम में 5 से अधिक लाइनें शामिल हैं। स्वतंत्रता की कुछ डिग्री कोई भूमिका क्यों नहीं निभाती; जब तक रहस्यमय परिस्थितियाँ हस्तक्षेप नहीं करतीं, तब तक वे निष्क्रिय क्यों रहते हैं?

धारा 2.- विकिरण का नियम

भौतिकविदों ने शुरू में इन कठिनाइयों के बारे में चिंता नहीं की, लेकिन दो नए तथ्य सामने आए जिन्होंने चीजों का चेहरा बदल दिया: पहला वह है जिसे काले विकिरण का नियम कहा जाता है। एक पूर्णतः काला पिंड वह होता है जिसका अवशोषण गुणांक 1 के बराबर होता है; गरमागरम स्थिति में लाया गया ऐसा पिंड सभी तरंग दैर्ध्य का प्रकाश उत्सर्जित करता है और इस प्रकाश की तीव्रता तापमान और तरंग दैर्ध्य के आधार पर एक निश्चित नियम के अनुसार भिन्न होती है। प्रत्यक्ष अवलोकन संभव नहीं है क्योंकि पूरी तरह से काले शरीर नहीं हैं,

लेकिन कठिनाई से बचने का एक तरीका है: हम गरमागरम शरीर को पूरी तरह से बंद कंटेनर में बंद कर सकते हैं; इससे निकलने वाला प्रकाश बाहर नहीं निकल पाता है और जब तक यह पूरी तरह से अवशोषित नहीं हो जाता तब तक परावर्तन की एक श्रृंखला से गुजरता है। जब संतुलन की स्थिति पहुंच जाती है, तो कंटेनर का तापमान एक समान हो जाता है और कंटेनर काले विकिरण के नियम का पालन करते हुए विकिरण से भर जाता है।

यह स्पष्ट है कि यह सांख्यिकीय संतुलन का मामला है, जिसमें ऊर्जा का आदान-प्रदान तब तक जारी रहता है जब तक कि सिस्टम का प्रत्येक भाग औसतन वही हासिल नहीं कर लेता जो वह अल्प अवधि में खो देता है। हालाँकि, यहीं कठिनाई उत्पन्न होती है। कंटेनर में मौजूद भौतिक अणु बहुत बड़े होते हुए भी संख्या में सीमित हैं और उनमें स्वतंत्रता की डिग्री की केवल एक सीमित संख्या है। इसके विपरीत, ईथर की संख्या अनंत है क्योंकि यह विभिन्न तरंग दैर्ध्य के अनुरूप अनंत तरीकों से कंपन कर सकता है जिसके साथ यह प्रतिध्वनित होता है। यदि समविभाजन का नियम लागू होता, तो ईथर को सारी ऊर्जा अवशोषित करनी होती और पदार्थ के लिए कुछ भी नहीं छोड़ना होता।

कोई ईथर पर प्रतिबंध लगाकर उसकी स्वतंत्रता को प्रतिबंधित कर सकता है, जो उदाहरण के लिए, उसे बहुत छोटी तरंगों को प्रसारित करने में असमर्थ बना देगा; इससे बताए गए विरोधाभास से बचा जा सकेगा। लेकिन कोई फिर भी एक ऐसे कानून पर पहुंचेगा, जो अब बेतुका नहीं है, फिर भी अनुभव का खंडन करेगा; यह रेले का नियम है, जिसके अनुसार किसी दी गई लंबाई के लिए विकिरणित ऊर्जा, पूर्ण तापमान के समानुपाती होगी और किसी दिए गए तापमान के लिए, तरंग दैर्ध्य की चौथी शक्ति के व्युत्क्रमानुपाती होगी।

अनुभव द्वारा प्रदर्शित सच्चा नियम प्लैंक का नियम है; समविभाजन के नियम के अनुसार, छोटी तरंग दैर्ध्य या कम तापमान के लिए विकिरण रेले के नियम की अपेक्षा बहुत कम होता है।

दूसरा तथ्य बहुत कम तापमान पर, हवा में या तरल हाइड्रोजन में ठोस पिंडों की विशिष्ट ऊष्मा को मापने से उत्पन्न होता है। ये विशिष्ट ऊष्माएँ, उल्लेखनीय रूप से स्थिर होने के बजाय, तेजी से घटती हैं जैसे कि पूर्ण शून्य पर गायब हो जाती हैं। सब कुछ ऐसे होता है मानो ये अणु ठंडे होने पर स्वतंत्रता की डिग्री खो देते हैं जैसे कि उनके कुछ बंधन जम जाते हैं।

धारा 3 – ऊर्जा क्वांटा

थर्मोडायनामिक्स के सिद्धांतों को छोड़े बिना इन घटनाओं की व्याख्या की जानी चाहिए। हमें पहले सांख्यिकीय संतुलन की संभावना को स्वीकार करना चाहिए, जिसके बिना कार्नोट का सिद्धांत अर्थहीन हो जाएगा। हम थर्मोडायनामिक्स में किसी भी उल्लंघन की अनुमति नहीं दे सकते, क्योंकि सब कुछ ध्वस्त हो जाएगा। श्री जीन्स ने यह प्रस्ताव देकर सब कुछ समेटने का प्रयास किया कि जो हम देखते हैं वह निश्चित सांख्यिकीय संतुलन नहीं है, बल्कि एक अनंतिम संतुलन है। हालाँकि, यह सिद्धांत, कुछ भी भविष्यवाणी नहीं करता है, सभी ज्ञात कानूनों को अस्पष्ट छोड़ देता है, जो केवल कुछ रहस्यमय संयोग के परिणाम के रूप में प्रकट होता है।

श्री प्लैंक ने अपने द्वारा खोजे गए कानून के लिए एक अलग स्पष्टीकरण मांगा। उनके अनुसार, यह एक वास्तविक संतुलन का प्रतिनिधित्व करता है और यदि यह समविभाजन के नियम से भटकता है, तो इसका कारण यह है कि

हैमिल्टन के समीकरण पर्याप्त सटीक नहीं हैं। प्रायोगिक नियम प्राप्त करने के लिए, इन समीकरणों में एक उल्लेखनीय संशोधन करना आवश्यक है।

हमें दीप्तिमान शरीर की कल्पना कैसे करनी चाहिए? हम जानते हैं कि एक हर्ट्ज़ अनुनादक ईथर में हर्ट्ज़ियन तरंगें उत्सर्जित करता है, जो मूलतः प्रकाश तरंगें हैं। इसलिए, एक गरमागरम शरीर में इन छोटे अनुनादकों की एक बड़ी संख्या होती है। जैसे-जैसे शरीर गर्म होता है, ये अनुनादक ऊर्जा प्राप्त करते हैं, कंपन करना शुरू करते हैं और बाद में विकिरण करते हैं।

श्री प्लैंक की परिकल्पना यह मानती है कि इनमें से प्रत्येक अनुनादक केवल अलग-अलग वृद्धि में ऊर्जा प्राप्त या खो सकता है जैसे कि उसके पास मौजूद ऊर्जा हमेशा एक स्थिर मात्रा का गुणक होनी चाहिए जिसे क्वांटम कहा जाता है। यह अविभाज्य इकाई, यह क्वांटम, तरंग दैर्ध्य के साथ व्युत्क्रमानुपाती होती है। नतीजतन, छोटी अवधि के रेज़ोनेटर केवल बड़े टुकड़ों में ऊर्जा को अवशोषित या जारी कर सकते हैं, जबकि लंबी अवधि के रेज़ोनेटर छोटे वेतन वृद्धि में ऐसा कर सकते हैं।

इसमें क्या शामिल है? छोटी अवधि के अनुनादकों को गति में स्थापित करने के लिए महत्वपूर्ण ऊर्जा की आवश्यकता होती है, क्योंकि वे कम से कम एक क्वांटम मूल्य की ऊर्जा की मांग करते हैं, जो पर्याप्त है। इसलिए, इस बात की बहुत अधिक संभावना है कि ये अनुनादक आराम से रहेंगे, खासकर कम तापमान पर। इसलिए, काले विकिरण में छोटी तरंग दैर्ध्य पर अपेक्षाकृत कम प्रकाश उत्सर्जित होता है।

यह परिकल्पना देखी गई घटनाओं के लिए जिम्मेदार है, बशर्ते कि हम अनुनादक की ऊर्जा और उसके विकिरण के बीच संबंध बनाए रखें, जैसा कि

पिछले सिद्धांतों में बताया गया है। हालाँकि, यह एक चुनौती प्रस्तुत करता है: सब कुछ उलटने के बाद भी इस रिश्ते को क्यों बरकरार रखा जाए? फिर भी, हमें कुछ तत्वों को बरकरार रखना चाहिए; अन्यथा, हमारे पास निर्माण के लिए कोई नींव नहीं होगी।

विशिष्ट ऊष्मा में कमी को इसी तरह समझाया जा सकता है। जैसे-जैसे तापमान गिरता है, कई वाइब्रेटर अपनी क्वांटम सीमा से नीचे गिर जाते हैं और पूरी तरह से कंपन करना बंद कर देते हैं, जिसके परिणामस्वरूप कुल ऊर्जा में पुराने सिद्धांतों की भविष्यवाणी की तुलना में तेजी से कमी आती है। यह स्पष्टीकरण केवल गुणात्मक है और सटीक मात्रात्मक समझौते के लिए महत्वपूर्ण समायोजन की आवश्यकता हो सकती है।

धारा 4 – पिछली परिकल्पना की चर्चा

सांख्यिकीय संतुलन केवल तभी प्राप्त किया जा सकता है जब अनुनादकों के बीच ऊर्जा विनिमय होता है। अन्यथा, प्रत्येक अनुनादक अनिश्चित काल तक अपनी प्रारंभिक मनमानी ऊर्जा बनाए रखेगा और अंतिम वितरण किसी भी कानून का पालन नहीं करेगा। यह आदान-प्रदान केवल विकिरण के माध्यम से नहीं हो सकता था यदि अनुनादकों को स्थिर कंटेनर के भीतर स्थिर और संलग्न किया गया था। प्रत्येक अनुनादक केवल एक विशिष्ट तरंग दैर्ध्य के प्रकाश को उत्सर्जित या अवशोषित कर सकता है, जो समान अवधि वाले अनुनादकों तक अपनी ऊर्जा विनिमय को सीमित करता है।

हालाँकि, यदि घेरा विकृत है या उसमें गतिशील वस्तुएँ हैं तो स्थिति बदल जाती है। उदाहरण के लिए, जब प्रकाश किसी गतिशील दर्पण से परावर्तित होता

है, तो डॉपलर-फ़िज़ो सिद्धांत के कारण इसकी तरंग दैर्ध्य बदल जाती है, जिससे ऊर्जा विनिमय आसान हो जाता है। यह विकिरण विनिमय का पहला तरीका है।

दूसरे मोड में रेज़ोनेटर यंत्रवत् एक-दूसरे को प्रत्यक्ष या अप्रत्यक्ष रूप से मोबाइल परमाणुओं और इलेक्ट्रॉनों के माध्यम से प्रभावित करते हैं जो उनके बीच घूमते हैं और टकराव का कारण बनते हैं। इस विनिमय, जिसे झटके से विनिमय के रूप में जाना जाता है, का हाल ही में अध्ययन किया गया है, जो श्री प्लैंक के परिणामों की पुष्टि करता है।

यह महत्वपूर्ण है कि ऊर्जा विनिमय के सभी तरीके सांख्यिकीय संतुलन की समान स्थितियों की ओर ले जाएँ, ऐसा न हो कि कार्नोट के सिद्धांत से समझौता किया जाए। हालाँकि, इस आश्चर्यजनक सामंजस्य के लिए एक संतोषजनक स्पष्टीकरण प्रदान करना भी आवश्यक है, बजाय इसके कि इसे महज संयोग बताया जाए। शास्त्रीय यांत्रिकी में, यह स्पष्टीकरण हैमिल्टन के समीकरणों की सार्वभौमिकता के कारण स्पष्ट था; क्या हमें यहाँ भी ऐसी ही व्याख्या मिल सकती है?

मुझे अभी भी विकिरण विनिमय का अध्ययन पूरा करना है और यह निर्धारित करना है कि क्या विनिमय के इस तरीके से उत्पन्न होने वाली सभी संतुलन स्थितियां ज्ञात हैं। मुझे कोई आश्चर्य नहीं होगा अगर हमने ऐसी नई स्थितियाँ खोजी जो चुनौतियाँ पैदा कर सकती हैं।

वर्तमान में, ऐसी एक स्थिति श्री वीन का नियम है, जो बताती है कि विकिरण ऊर्जा और तरंग दैर्ध्य की पाँचवीं शक्ति का उत्पाद केवल तरंग दैर्ध्य द्वारा गुणा किए गए तापमान पर निर्भर करता है। इस नियम को झटके से उत्पन्न होने वाले सांख्यिकीय संतुलन के साथ समेटने के लिए, ऊर्जा विनिमय को तरंग दैर्ध्य के

विपरीत आनुपातिक रूप से असतत क्वांटा में होना आवश्यक है। रेज़ोनेटर की यह यांत्रिक संपत्ति डॉपलर-फ़िज़ो सिद्धांत से स्वतंत्र है और हम पूरी तरह से समझ नहीं पाते हैं कि रेज़ोनेटर के पास यह विशेष संपत्ति क्यों है।

श्री प्लैंक की व्याख्या में, विनिमय मोड का यह द्वंद्व स्पष्ट नहीं है, बल्कि यह केवल छिपा हुआ है। मेरा मानना है कि इस बिंदु पर ध्यान आकर्षित करना आवश्यक है।

यही एकमात्र कठिनाई नहीं है; एक अनुनादक केवल अपनी क्वांटम के पूर्णांक गुणकों में ही ऊर्जा को दूसरे में स्थानांतरित कर सकता है। चूँकि ये क्वांटा आम तौर पर असंगत होते हैं, प्रत्यक्ष आदान-प्रदान को बाहर रखा जाता है, हालांकि यह अप्रत्यक्ष रूप से परमाणुओं के माध्यम से हो सकता है। हालाँकि, एक अधिक गंभीर चुनौती उत्पन्न होती है: अनुनादकों को प्रत्येक क्वांटम को अचानक प्राप्त करना या खोना पड़ता है। फिर भी, ऐसा करने में उन्हें एक निश्चित समय लगता है, जैसा कि हस्तक्षेप की घटनाओं से पता चलता है।

अलग-अलग समय पर एक ही अनुनादक द्वारा उत्सर्जित दो क्वांटा एक दूसरे के साथ हस्तक्षेप नहीं कर सकते; उनके उत्सर्जन को स्वतंत्र घटना के रूप में देखा जाता है। इससे विरोधाभास पैदा होता है, क्योंकि उत्सर्जन के बीच का समय अंतराल अलग-अलग होना चाहिए, फिर भी हस्तक्षेप होने के लिए यह स्थिर होना चाहिए। हस्तक्षेप अवलोकनों के साथ संरेखित करने के लिए यह अंतराल भी एक अवधि की तुलना में छोटा होना चाहिए, जिससे हमारी समझ के लिए और चुनौतियां पैदा होंगी।

शायद हम एक ऐसी प्रणाली की कल्पना कर सकते हैं जिसमें समान हर्ट्ज़ एक्साइटर शामिल हों, प्रत्येक तब तक चार्ज होता रहे जब तक कि एक चिंगारी

उत्सर्जन को ट्रिगर न कर दे। हालाँकि, उत्सर्जन एक सीमित समय तक रहता है, जिससे हस्तक्षेप हो सकता है। श्री प्लैंक ने माना कि अनुनादक की ऊर्जा और उसके विकिरण के बीच संबंध मैक्सवेल के इलेक्ट्रोडायनामिक्स का अनुसरण करता है, लेकिन इस परिकल्पना को त्याग दिया जा सकता है। वैकल्पिक रूप से, हम मान सकते हैं कि यांत्रिक झटके शास्त्रीय कानूनों का पालन करते हैं, फिर भी विकिरण विसंगतियों के लिए समविभाजन के कानून को बरकरार रखते हैं। यह विकिरण नियमों की व्याख्या करेगा, लेकिन निम्न-तापमान विशिष्ट ऊष्मा विसंगतियों की नहीं, जब तक कि हम यह न मान लें कि बहुत ठंडे ठोस पदार्थों के लिए झटके से विनिमय असंभव हो जाता है और उनके अणु केवल कम दूरी के विकिरण के माध्यम से ऊष्मा का आदान-प्रदान करते हैं।

इसके अलावा, हम और आगे बढ़ सकते हैं और मान सकते हैं कि सभी तथाकथित यांत्रिक बल विद्युत चुम्बकीय उत्पत्ति से उत्पन्न होते हैं, दूरी पर होने वाली क्रियाओं के कारण, विकिरण द्वारा समझे जा सकते हैं। ऐसे परिदृश्य में, केवल विकिरण विनिमय और डॉपलर-फ़िज़ो सिद्धांत ही बचे रहेंगे, जो संभावित रूप से क्वांटा से काफी भिन्न परिकल्पनाओं को जन्म देंगे।

धारा 5 – एक्शन क्वांटा

नई अवधारणा एक पहलू में आकर्षक है: परमाणुवाद के प्रति प्रचलित प्रवृत्ति। पदार्थ को अविभाज्य परमाणुओं से बना माना जाता है और बिजली को अब निरंतर नहीं बल्कि इलेक्ट्रॉनों से बना माना जाता है, जिनमें से प्रत्येक में समान चार्ज होता है और वे आपस में समान होते हैं। इसके अतिरिक्त, मैग्नेटोन या चुंबकत्व के परमाणु की अवधारणा स्थापित की गई है। नतीजतन, क्वांटा को ऊर्जा के परमाणुओं के रूप में माना जाता है। हालाँकि, सादृश्य अंततः लड़खड़ा जाता है।

उदाहरण के लिए, हाइड्रोजन परमाणु पर विचार करें; यह अपरिवर्तित रहता है, चाहे वह किसी भी यौगिक का हिस्सा हो, उसी द्रव्यमान को बनाए रखता है। इसी प्रकार, इलेक्ट्रॉन विभिन्न परिस्थितियों में अपनी वैयक्तिकता बनाए रखते हैं। क्या यह तथाकथित ऊर्जा परमाणुओं के लिए सच है? मान लीजिए कि हमारे पास तीन तरंग दैर्ध्य वाले अनुनादक पर तीन क्वांटा ऊर्जा है। यदि इस ऊर्जा को पाँच की तरंग दैर्ध्य के साथ दूसरे अनुनादक में स्थानांतरित किया जाता है, तो यह तीन नहीं बल्कि पाँच क्वांटा का प्रतिनिधित्व करता है, क्योंकि नए अनुनादक की मात्रा छोटी है। इस परिवर्तन में, प्रत्येक "परमाणु" की संख्या और आकार बदल गया है।

इसलिए, इस संबंध में सिद्धांत असंतोषजनक बना हुआ है। इसके अलावा, यह समझाना कि एक गुंजयमान यंत्र की क्वांटम तरंग दैर्ध्य के व्युत्क्रमानुपाती क्यों होती है, एक और चुनौती पेश करती है। इसके कारण श्री प्लैंक को अपनी व्याख्या में संशोधन करना पड़ा। हालाँकि, मैं स्वयं को कुछ हद तक उलझन में पाता हूँ; मैं या तो श्री प्लैंक के इरादों से आगे नहीं बढ़ना चाहता या यह स्पष्ट करने में असफल होना चाहता हूँ कि मेरा मानना है कि उनके विचार हमें कहाँ ले जाते हैं। इसलिए, मैं सबसे पहले उनके पाठ को थोड़ा सारांशित करते हुए यथासंभव सटीक अनुवाद करूँगा।

स्पष्ट करने के लिए, मुझे यह बताना होगा कि संभाव्यता के प्राथमिक क्षेत्र क्या हैं। ये डोमेन अविभाज्य हैं; एक बार जब हम इनमें से किसी एक डोमेन के भीतर खुद को पहचान लेते हैं, तो सब कुछ निर्धारित हो जाता है। यदि घटनाएँ इस आधार पर भिन्न होती हैं कि हम डोमेन के किस हिस्से पर कब्जा करते हैं, तो डोमेन वास्तव में संभाव्य दृष्टिकोण से अविभाज्य नहीं होगा। इसका तात्पर्य यह है

कि एक ही डोमेन से संबंधित सभी राज्यों को एक दूसरे से अलग नहीं किया जा सकता है; वे एक राज्य का गठन करते हैं।

एक भौतिक प्रणाली केवल एक सीमित संख्या में अलग-अलग राज्यों पर कब्जा कर सकती है, मध्यवर्ती राज्यों की निरंतर श्रृंखला को पार किए बिना एक से दूसरे में संक्रमण कर सकती है। सरलता के लिए, आइए मान लें कि सिस्टम की स्थिति केवल तीन मापदंडों पर निर्भर करती है, जो हमें अंतरिक्ष में एक बिंदु द्वारा इसे ज्यामितीय रूप से प्रस्तुत करने की अनुमति देती है। संभावित अवस्थाओं का प्रतिनिधित्व करने वाले बिंदुओं का समूह संपूर्ण स्थान नहीं है, बल्कि अलग-अलग बिंदुओं की एक भीड़ है। निरंतरता का भ्रम देते हुए, ये बिंदु निकट दूरी पर हो सकते हैं।

इन सभी राज्यों को समान रूप से संभावित माना जाना चाहिए। यदि नियतिवाद कायम है, तो प्रत्येक राज्य को आवश्यक रूप से समान संभावना वाले दूसरे राज्य की ओर ले जाना चाहिए, क्योंकि पहले राज्य के लिए दूसरे की आवश्यकता होती है। इसलिए, प्रारंभिक अवस्था से शुरू करके, सभी अंतिम अवस्थाएँ समान रूप से संभावित हैं। हमारे पृथक बिंदुओं को इस तरह से वितरित किया जाना चाहिए कि वे गतिशीलता के सामान्य नियमों का पालन करें, उसी प्रकार जैसे किसी तरल पदार्थ के आणविक वितरण को असंपीड्यता के नियमों का पालन करना चाहिए।

हालाँकि, हम मिश्रित परिकल्पनाओं पर विचार कर सकते हैं जैसे कि भौतिक प्रणाली की स्थिति लगातार बदलती रहती है जबकि ईथर की स्थिति लगातार बदलती रहती है। इनमें से कोई भी परिकल्पना श्री प्लैंक के विचारों का खंडन नहीं करती है।

फिर भी, हम संभवतः इन मिश्रित परिकल्पनाओं के बजाय सीधे समाधान को प्राथमिकता देंगे। हालाँकि, हमें निहितार्थों का एहसास होना चाहिए: यह तर्क ब्रह्मांड सहित किसी भी पृथक प्रणाली पर लागू होता है। नतीजतन, ब्रह्मांड लगातार एक अवस्था से दूसरी अवस्था में जाएगा, समय भी लगातार बदलता रहेगा, जिससे "समय के परमाणु" की अवधारणा सामने आई।

धारा 6 – प्लैंक का नया सिद्धांत

आइए विकिरण के सिद्धांत जैसे अधिक विशिष्ट मुद्दों पर गौर करें। श्री प्लैंक ने अपने प्रारंभिक सिद्धांत में एक संशोधन पेश किया, जिस पर मैं संक्षेप में चर्चा करना चाहूंगा। उनके नए विचारों के अनुसार, क्वांटा में प्रकाश उत्सर्जन अचानक होगा, जबकि अवशोषण निरंतर होगा। इस समायोजन का उद्देश्य एक विशेष कठिनाई का समाधान करना था जो अवशोषण के संबंध में श्री प्लैंक को अधिक परेशानी वाली लगती थी। जब प्रकाश प्रत्येक अनुनादक तक लगातार पहुंचता है, लेकिन केवल क्वांटम वृद्धि में ही अवशोषित किया जा सकता है, तो ऊर्जा को अनुनादक के एक प्रकार के एंटेचैम्बर में तब तक जमा होना चाहिए जब तक कि प्रवेश करने के लिए पर्याप्त ऊर्जा न हो। दूसरे सिद्धांत में, यह कठिनाई गायब हो जाती है, लेकिन बाहर आने वाली ऊर्जा के लिए अभी भी प्रतीक्षा कक्ष है, क्योंकि ईथर इसे केवल अनंत छोटे अंशों में ही संचारित कर सकता है।

नए सिद्धांत में, अनुनादक पूर्ण शून्य पर भी कुछ अवशिष्ट ऊर्जा बनाए रखते हैं। यदि हम श्री प्लैंक के नए दृष्टिकोण को अपनाते हैं, तो हमें विकिरण करने वाले शरीर की ऊर्जा और उसके विकिरण की तीव्रता के बीच संबंध को संशोधित करना होगा। विकिरण अब ऊर्जा के समानुपाती नहीं है, बल्कि केवल पूर्ण शून्य पर शेष अवशेषों पर इस ऊर्जा की अधिकता के समानुपाती है।

मुझे यह स्वीकार करना होगा कि मैं इस नई परिकल्पना से पूरी तरह संतुष्ट नहीं था। श्री प्लैंक केवल उत्सर्जन और अवशोषण पर चर्चा करते हैं जैसे कि अनुनादक तय हो गया था; झटके या डॉपलर-फ़िज़ो सिद्धांत द्वारा ऊर्जा विनिमय का कोई उल्लेख नहीं है। इन स्थितियों में, जैसा कि पहले उल्लेख किया गया है, अंतिम स्थिति की ओर रुझान नहीं हो सकता है; इस प्रकार हमें इस अंतिम स्थिति से अवगत कराने का प्रयास भ्रामक है। लेखक यह निर्दिष्ट नहीं करता है कि झटके द्वारा आदान-प्रदान अवशोषण की तरह निरंतर होता है या उत्सर्जन की तरह असंतत। नतीजतन, जब झटके से आदान-प्रदान के सामान्य सिद्धांत को लागू करने का प्रयास किया जाता है, तो श्री प्लैंक के परिणाम नहीं मिलते हैं। इसलिए, उनके शुरुआती विचारों पर कायम रहने की सलाह दी जाती है।

धारा 7 – एम सोमरफेल्ड के विचार

श्री सोमरफेल्ड ने एक सिद्धांत प्रस्तावित किया है कि उनका लक्ष्य श्री प्लैंक के साथ जुड़ना है, हालांकि उनके बीच एकमात्र समानता दोनों सूत्रों में दिखाई देने वाला अक्षर “एच” है। इस अक्षर द्वारा प्रदर्शित दो बिल्कुल अलग-अलग वस्तुओं को एक ही नाम, “कार्रवाई की मात्रा” दिया गया है।

श्री सोमरफेल्ड के सिद्धांत में, इलेक्ट्रॉनों की टक्कर उन जटिल निकायों के समान नियमों का पालन नहीं करेगी जो हमें अनुभव के माध्यम से ज्ञात हैं। जब कोई इलेक्ट्रॉन किसी बाधा का सामना करता है, तो उसकी गति उतनी ही कम हो जाती है जितनी तेजी से वह चलता है (यदि यह कानून रेलवे ट्रेनों पर लागू होता है, तो यह ब्रेकिंग समस्या में क्रांतिकारी बदलाव लाएगा)। यह बात एक्स-रे के उत्पादन पर भी लागू होती है। कैथोड किरणें, जो गतिमान इलेक्ट्रॉन हैं, एंटीकैथोड का सामना करने पर रुक जाती हैं। इस अचानक रुकने से ईथर में

कंपन होता है, जिससे एक्स-रे उत्पन्न होते हैं। गति जितनी अधिक होगी, रुकावट उतनी ही अधिक होगी, जिसके परिणामस्वरूप ईथर की अधिक तीव्र और कम अवधि की गड़बड़ी होगी।

धारा 8.-निष्कर्ष

मामलों की वर्तमान स्थिति स्पष्ट है: पुराने सिद्धांत, जो पहले सभी ज्ञात घटनाओं की व्याख्या करते प्रतीत होते थे, को एक अप्रत्याशित बाधा का सामना करना पड़ा है। एक परिवर्तन आवश्यक लग रहा था श्री प्लैंक की प्रारंभिक परिकल्पना स्वयं प्रस्तुत की गई, यद्यपि इतनी अजीब तरह से कि हम खुद को इससे मुक्त करने के साधन खोजने के लिए प्रलोभित हुए। अब तक, ये प्रयास व्यर्थ रहे हैं। हालाँकि, यह नए सिद्धांत को कई कठिनाइयाँ उत्पन्न करने से नहीं रोकता है, जिनमें से कई वास्तविक हैं और हमारी आदतों को बदलने के प्रति हमारी अनिच्छा से उत्पन्न महज भ्रम नहीं हैं।

फिलहाल, अंतिम परिणाम की भविष्यवाणी करना असंभव है। क्या हम एक और पूरी तरह से अलग व्याख्या की खोज करेंगे या क्या नए सिद्धांत के प्रस्तावक इसे स्पष्ट रूप से अपनाने में बाधा डालने वाली बाधाओं पर काबू पाने में सफल होंगे? क्या भौतिक ब्रह्मांड में असंततता सर्वोच्च शासन करेगी या क्या हमें एहसास होगा कि यह असंततता केवल स्पष्ट है, जो निरंतर प्रक्रियाओं की एक श्रृंखला को छुपा रही है? इस समय इन सवालों पर कोई निश्चित राय देने का प्रयास करना व्यर्थ होगा।

अध्याय 7

पदार्थ और आकाश का संबंध

यह अध्याय पदार्थ और ईथर के बीच के जटिल संबंधों पर प्रकाश डालता है, पुरानी यंत्रवत और परमाणु संबंधी परिकल्पनाओं से लेकर आधुनिक परमाणु अवधारणाओं तक वैज्ञानिक समझ के विकास की खोज करता है। यह चर्चा करता है कि गैसों का गतिज सिद्धांत, समाधान के सिद्धांत और धातुओं का इलेक्ट्रॉनिक सिद्धांत परमाणु अवधारणाओं को मान्य करने के लिए कैसे एकत्रित हुए हैं। अध्याय परमाणुवाद की विश्वसनीयता को मजबूत करने में संख्यात्मक संयोगों की भूमिका पर भी प्रकाश डालता है।

फिर अध्याय परमाणुओं के भीतर की जटिलता का पता लगाता है, इलेक्ट्रॉनों और मैग्नेटोन की उपस्थिति और परमाणु व्यवहार में उनकी भूमिकाओं पर चर्चा करता है। यह रेडियोधर्मिता की घटना को भी छूता है, जहाँ परमाणु छोटे परमाणुओं में विघटित हो जाते हैं। अध्याय इस बात पर जोर देता है कि रसायनज्ञ के परमाणु की मूर्त वास्तविकता के बावजूद, हम अभी भी वास्तविकता की मौलिक प्रकृति को जानने से बहुत दूर हैं।

अध्याय आगे श्री प्लैंक द्वारा प्रस्तावित क्वांटा की परिकल्पना पर चर्चा करता है, जो बताता है कि ऊर्जा का आदान-प्रदान अचानक अलग-अलग "छलांगों" में होता है। यह सिद्धांत बताता है कि कम तापमान पर ठोस की विशिष्ट

ऊष्मा क्यों कम हो जाती है और काले विकिरण का नियम समविभाजन के नियम से क्यों विचलित हो जाता है।

अंत में, अध्याय ऊर्जा और विकिरण के वितरण को समझने में जटिलताओं और चुनौतियों पर चर्चा करता है। यह ऊर्जा विनिमय के विभिन्न तंत्रों और थर्मोडायनामिक्स के नियमों पर उनके प्रभाव की पड़ताल करता है। जैसे-जैसे विज्ञान आगे बढ़ता है, नए तथ्यों को समायोजित करने में आने वाली कठिनाइयों को स्वीकार करते हुए, मौजूदा सिद्धांतों के निरंतर संशोधन और अनुकूलन की आवश्यकता पर जोर देते हुए अध्याय का समापन होता है। यह रेखांकित करता

है कि यद्यपि हमने पदार्थ और आकाश के संबंधों को समझने में महत्वपूर्ण प्रगति की है, फिर भी कई रहस्य अभी भी सुलझने बाकी हैं।

जब श्री अब्राहम ने फ्रेंच फिजिकल सोसाइटी द्वारा आयोजित सम्मेलनों की श्रृंखला को समाप्त करने के लिए मुझसे संपर्क किया, तो मैंने शुरू में इनकार करने पर विचार किया। ऐसा लगता था कि प्रत्येक विषय को पूरी तरह से कवर किया गया था और मुझे लगा कि जो पहले से ही वाक्पटुता से प्रस्तुत किया गया था, उसमें मैं कुछ भी नया नहीं जोड़ सकता। मेरा एकमात्र विकल्प इस कार्य से उभरने वाली सामूहिक धारणा को संक्षेप में प्रस्तुत करने का प्रयास करना था, एक ऐसी भावना जिसे मैंने माना कि आप में से प्रत्येक ने मेरी तरह ही उत्सुकता से अनुभव किया होगा और इस प्रकार मुझे इसे और अधिक स्पष्ट रूप से व्यक्त करने की अपनी क्षमता पर संदेह हुआ। हालाँकि, श्री अब्राहम इतनी कृपा के साथ डटे रहे कि अंततः मैं अपरिहार्य असुविधाओं को स्वीकार करते हुए नरम पड़ गया, जिनमें से सबसे बड़ा जोखिम वह है जो आप में से प्रत्येक ने लंबे समय से सोचा है, उसे दोहराने का है, जबकि सबसे कम एक विविध सरणी के माध्यम से नेविगेट करने की चुनौती है। विषयों पर गहराई से विचार करने के लिए पर्याप्त समय नहीं है।

एक प्रारंभिक अवलोकन ने संभवतः सभी श्रोताओं को प्रभावित किया: पुरानी यंत्रवत और परमाणु संबंधी परिकल्पनाओं ने हाल ही में इतनी विश्वसनीयता हासिल कर ली है कि वे मात्र अनुमान के रूप में प्रकट होना लगभग बंद हो गई हैं। परमाणु अब केवल एक सुविधाजनक कल्पना नहीं रह गये हैं; ऐसा लगता है मानो जब से हमने गिनती सीखी है तब से हम उनका अवलोकन कर रहे हैं। एक परिकल्पना प्रशंसनीयता प्राप्त करती है क्योंकि यह नए तथ्यों की

व्याख्या करती है, कभी-कभी नई टिप्पणियों को समायोजित करने के लिए विस्तार की आवश्यकता होती है। कभी-कभी जैसे-जैसे इसका विस्तार होता है, यह सटीकता खो देता है या इसके मूल सिद्धांतों का खंडन किए बिना इसके साथ संरेखित पूरक परिकल्पनाओं की आवश्यकता होती है। ऐसे मामलों में, हम यह नहीं कह सकते कि प्रयोग ने मूल परिकल्पना की पुष्टि की है; अधिक से अधिक, इसने इसका खंडन नहीं किया। वैकल्पिक रूप से, नए और पुराने तथ्यों के बीच एक गहरा संबंध मौजूद हो सकता है, जिसका अर्थ है कि पूर्व की व्याख्या करने वाली किसी भी परिकल्पना को बाद वाले के लिए भी जिम्मेदार होना चाहिए, जिससे सत्यापित तथ्य कम नए प्रतीत होते हैं।

संयोग, विशेष रूप से संख्यात्मक, हाल ही में परमाणु अवधारणाओं को मान्य करने के लिए उभरे हैं। गैसों के गतिज सिद्धांत को विलयन के सिद्धांतों और धातुओं के इलेक्ट्रॉनिक सिद्धांत में समर्थन मिला है। धातुओं में घुले पदार्थों के अणु और मुक्त इलेक्ट्रॉन बंद स्थानों में गैस के अणुओं के समान व्यवहार करते हैं। यह समानता संख्यात्मक संयोगों तक भी फैली हुई है। परिणामस्वरूप, जो बात पहले संदिग्ध थी वह अब संभव प्रतीत होती है। हालाँकि इनमें से प्रत्येक सिद्धांत, अलगाव में विचार करने पर, वैकल्पिक स्पष्टीकरण के साथ सरल परिकल्पना की तरह लग सकता है, तीनों का अभिसरण इन संयोगों को न केवल संभावित बल्कि आवश्यक बनाता है। इसके अलावा, समाधान का सिद्धांत स्वाभाविक रूप से ब्राउनियन गति की ओर ले जाता है, जहाँ थर्मल आंदोलन, जिसे एक बार दिमाग का एक मात्र अनुमान माना जाता था, सीधे माइक्रोस्कोप के नीचे देखा जाता है।

एम पेरिन के परमाणु क्रमांकों के सूक्ष्म निर्धारण ने परमाणुवाद की विजय को और अधिक ठोस बना दिया है। पूरी तरह से अलग-अलग तरीकों से प्राप्त परिणामों के बीच कई सामंजस्य परमाणु मॉडल में विश्वास पैदा करते हैं। पहले, पर्याप्त अंकों की संख्या में लगातार परिणाम प्राप्त करना; अब, वही पहला महत्वपूर्ण अंक प्राप्त होने की उम्मीद है। उल्लेखनीय रूप से, ये निष्कर्ष विभिन्न परमाणु गुणों का विस्तार करते हैं। तथ्य यह है कि विसंगतियाँ अनुपस्थित हैं, उल्लेखनीय है, क्योंकि यह परमाणु अवधारणाओं की वैधता को पुष्ट करता है।

रसायनज्ञ के परमाणु के मूर्त वास्तविकता बनने के बावजूद, इसका मतलब यह नहीं है कि हम पदार्थ के अंतिम तत्वों की खोज के करीब हैं। डेमोक्रिटस ने परमाणुओं की कल्पना बिल्कुल अविभाज्य संस्थाओं के रूप में की, जिसके आगे कोई और जाँच आवश्यक नहीं थी। हालाँकि, आधुनिक रसायनज्ञ का परमाणु इस आदर्श से कम है; यह वास्तव में अविभाज्य या रहस्य से मुक्त नहीं है। पदार्थ के पीछे के रहस्य को सुलझाने के बजाय, रसायनज्ञ का परमाणु जटिलता की दुनिया को उजागर करता है। डेमोक्रिटस को इस खोज में शायद थोड़ी संतुष्टि मिलेगी, क्योंकि इससे पता चलता है कि हमारे प्रयासों के बावजूद, हम वास्तविकता की मौलिक प्रकृति को जानने के करीब नहीं हैं।

इसके अलावा, भौतिकी में प्रत्येक नई खोज परमाणु की और जटिलताओं को उजागर करती है। आरंभ में साधारण संस्थाओं के रूप में समझे जाने वाले, साधारण पदार्थों की तरह व्यवहार करने में सक्षम पिंड अक्सर और भी सरल घटकों में विघटित हो जाते हैं। परमाणु स्वयं छोटे-छोटे परमाणुओं में विघटित हो जाता है, जिसे हम रेडियोधर्मिता कहते हैं, उसमें निरंतर क्षय होता रहता है। जबकि कभी-कभी इसे तत्वों के रूपांतरण के रूप में संदर्भित किया जाता है, यह शब्द

कुछ हद तक गलत है, क्योंकि एक तत्व दूसरे में परिवर्तित नहीं होता है, बल्कि कई अन्य में विघटित हो जाता है। क्षय के ये उत्पाद रासायनिक परमाणु बने रहते हैं, जो उन जटिल परमाणुओं के अनुरूप होते हैं जिनसे वे उत्पन्न हुए थे, जिससे इस घटना को पारंपरिक रासायनिक समीकरणों के माध्यम से व्यक्त किया जा सकता है, जो कि सबसे रूढ़िवादी रसायनज्ञ के लिए भी स्वादिष्ट है।

लेकिन वह सब नहीं है; परमाणु के भीतर, हम और भी अधिक जटिलता पाते हैं। सबसे पहले, इलेक्ट्रॉन हैं। प्रत्येक परमाणु एक लघु सौर मंडल जैसा दिखता है, जिसमें छोटे नकारात्मक चार्ज वाले इलेक्ट्रॉन एक बड़े सकारात्मक चार्ज वाले नाभिक के चारों ओर घूमते हैं, जो केंद्रीय सूर्य के समान है। यह इन विपरीत आवेशित कणों के बीच आपसी आकर्षण है जो परमाणु के सामंजस्य को बनाए रखता है, इलेक्ट्रॉनों की कक्षाओं को नियंत्रित करता है, जो बदले में परमाणु द्वारा उत्सर्जित प्रकाश की तरंग दैर्ध्य को निर्धारित करता है। इसके अतिरिक्त, इन इलेक्ट्रॉनों की गति से उत्पन्न संवहन धाराओं का स्व-प्रेरण परमाणु की स्पष्ट जड़ता में योगदान देता है, जिसे इसके द्रव्यमान के रूप में जाना जाता है। इन बंधे हुए इलेक्ट्रॉनों के अलावा, तारा प्रणालियों के बीच घूमने वाले धूमकेतुओं के समान मुक्त इलेक्ट्रॉन भी होते हैं, जो विशाल दूरी पर ऊर्जा के आदान-प्रदान की सुविधा प्रदान करते हैं।

इसके अलावा, इलेक्ट्रॉनों से परे, हम मैग्नेटोन या चुंबकत्व की इकाइयों का सामना करते हैं, जो दो अलग-अलग तरीकों से हमारे ध्यान में आते हैं: चुंबकीय सामग्री का अध्ययन और परमाणु स्पेक्ट्रा का विश्लेषण। विशेष रूप से, श्री वीज़ के शोध ने इन डोमेन में अनुरूपता के उल्लेखनीय संबंधों का खुलासा किया, जिससे संख्यात्मक सहसंबंधों का पता चला जो स्पष्टीकरण की मांग करते हैं।

इसके साथ ही, हमें वर्णक्रमीय रेखाओं के वितरण को नियंत्रित करने वाले दिलचस्प कानूनों को भी स्पष्ट करना होगा। बामर, रूंज, कैसर और रिडबर्ग के निष्कर्षों के अनुसार, वर्णक्रमीय रेखाओं को श्रृंखला में व्यवस्थित किया जाता है, जिनमें से प्रत्येक सरल नियमों का पालन करती है। प्रारंभ में, इन कानूनों को हार्मोनिक्स के साथ सहसंबंधित करने का प्रयास किया गया था जैसे कि कंपन करने वाले तार या हार्मोनिक्स उत्पन्न करने वाले ध्वनि निकाय। हालाँकि, यह सरल दृष्टिकोण विफल रहा, जिससे वैकल्पिक परिकल्पनाओं का प्रस्ताव आया।

उदाहरण के लिए, श्री रिट्ज ने एक घूमते हुए इलेक्ट्रॉन और कई संरेखित मैग्नेटोन से बने कंपन करने वाले परमाणुओं की धारणा पेश की। यह अवधारणा तरंग दैर्ध्य के नियमन का श्रेय इलेक्ट्रोस्टैटिक इंटरैक्शन को नहीं बल्कि मैग्नेटोन द्वारा उत्पन्न चुंबकीय क्षेत्र को देती है। हालाँकि यह परिकल्पना कुछ हद तक कृत्रिम प्रतीत होती है, लेकिन इसकी जटिलता के बावजूद, अब तक इसे चुनौती नहीं दी गई है। इस तरीके से मैग्नेटोन की व्यवस्था रिट्ज परिकल्पना की एक अनूठी विशेषता है, हालांकि श्री वीस की अंतर्दृष्टि के प्रकाश में यह कम अजीब लग सकती है।

लेकिन वास्तव में मैग्नेटोन क्या है? यदि हम एम्पीयर के कण धाराओं के सिद्धांत का पालन करते हैं, तो एक मैग्नेटन की कल्पना इलेक्ट्रॉनों के बवंडर के रूप में की जाती है, जो परमाणु के बारे में हमारी समझ को और अधिक जटिल बना देता है। हालाँकि, यह बढ़ती जटिलता रेडियोधर्मी क्षय के नियम पर श्री डेबिर्न के विचारों में सबसे अधिक स्पष्ट हो जाती है। घातीय क्षय की विशेषता वाला यह कानून, सांख्यिकीय सिद्धांतों का प्रतीक है, जो परमाणु के भीतर एक अंतर्निहित यादृच्छिकता का सुझाव देता है। तापमान जैसे बाहरी कारकों के विपरीत, जो

क्षय दर को प्रभावित करते हैं, यह आंतरिक मौका परमाणु के भीतर परिवर्तनों को नियंत्रित करता है। यह आंतरिक मौका परमाणु की जटिलता को रेखांकित करता है, जो संभाव्य कानूनों के अधीन एक बंद लेकिन गतिशील दुनिया की ओर इशारा करता है।

यह आंतरिक जटिलता, हालाँकि शुरू में अस्पष्ट थी, करीब से जाँचने पर चुनौतियाँ प्रस्तुत करती है। परमाणुओं के लिए जिम्मेदार स्वतंत्रता की डिग्री स्पष्ट रूप से एक निश्चित सरलता मानती है, फिर भी जटिलता की प्रत्येक नई परत स्वतंत्रता की अतिरिक्त डिग्री पेश करती है, जिससे मामला और अधिक जटिल हो जाता है। हालाँकि, इस जटिलता के बावजूद, परमाणु एक बंद प्रणाली के समान स्वतंत्रता की डिग्री बनाए रखते हुए, बाहरी प्रभावों से काफी हद तक अछूता रहता है। हालाँकि, यह इन्सुलेशन पूर्ण नहीं है, जैसा कि दुर्लभ घटनाओं से प्रमाणित होता है जैसे कि रेडियोधर्मी क्षय के दौरान हीलियम कणों का उत्सर्जन, जो अस्थायी रूप से परमाणु के आंतरिक संतुलन को बाधित करता है।

परमाणु की आंतरिक दुनिया में ये कभी-कभार होने वाले उल्लंघन इसकी जटिल गतिशीलता की झलक पेश करते हैं। उदाहरण के लिए, यूरेनियम परमाणुओं के अपघटन से गर्मी निकलती है और परमाणु की विशिष्ट ताप क्षमता बदल जाती है, जो इसके आंतरिक ऊर्जा परिदृश्य में बदलाव को दर्शाता है। व्यक्तिगत घटकों और यौगिकों के बीच विशिष्ट ऊष्मा में यह अंतर परमाणु अंतःक्रियाओं की गतिशील प्रकृति पर प्रकाश डालता है, जो रेडियोधर्मी यौगिकों के निर्माण और विभिन्न तापमान व्यवस्थाओं में उनके व्यवहार पर प्रकाश डालता है।

किसी भी मामले में, इन छोटी बंद दुनिया या आंशिक रूप से खुली दुनिया की अवधारणा, समस्या को पूरी तरह से हल करने में विफल रहती है। इन बंद

दुनियाओं के बाहर, ऊर्जा के वितरण को निर्विरोध शासन करने की आवश्यकता होगी, उन क्षणों को छोड़कर जब कोई एक दरवाजा थोड़ा खुलता है, जो कि देखी गई घटना नहीं है।

तापमान गिरने पर ठोस पिंडों की विशिष्ट ऊष्मा तेजी से कम हो जाती है जैसे कि उनकी स्वतंत्रता की कुछ डिग्री धीरे-धीरे निष्क्रिय हो जाती है, जम जाती है, ऐसा कहा जा सकता है या बाहरी वातावरण से संपर्क खो जाता है और किसी बंद जगह में समा जाता है।

दूसरी ओर, काले विकिरण का नियम समविभाजन सिद्धांत की भविष्यवाणी के अनुरूप नहीं है। रेले का नियम, जो इस सिद्धांत का तात्पर्य होगा, अनुभव से खंडित है, क्योंकि काले पिंडों द्वारा उत्सर्जित लघु-तरंग दैर्ध्य प्रकाश रेले के नियम की तुलना में बहुत कम है।

इसलिए, श्री प्लैंक ने क्वांटा के अपने सिद्धांत का प्रस्ताव रखा, जो बताता है कि सामान्य पदार्थ और गरमागरम पिंडों में प्रकाश पैदा करने के लिए जिम्मेदार छोटे अनुनादकों के बीच ऊर्जा का आदान-प्रदान अचानक, अलग-अलग "छलांगों" में होता है। इस सिद्धांत के अनुसार, अनुनादक लगातार ऊर्जा प्राप्त या खो नहीं सकते हैं; वे या तो पूरी मात्रा हासिल कर लेते हैं या कुछ भी नहीं।

तो कम तापमान पर ठोस की विशिष्ट ऊष्मा क्यों कम हो जाती है? स्वतंत्रता के कुछ अंश निष्क्रिय क्यों प्रतीत होते हैं? ऐसा इसलिए होता है क्योंकि कम तापमान पर उनके लिए उपलब्ध ऊर्जा प्रत्येक को मात्रा प्रदान करने के लिए पर्याप्त नहीं हो सकती है। स्वतंत्रता के कुछ अंश केवल क्वांटम के एक अंश के ही हकदार हो सकते हैं और चूँकि वे केवल सभी या कुछ भी नहीं स्वीकार कर सकते हैं, वे निष्क्रिय रहते हैं।

इसी प्रकार, विकिरण में, संपूर्ण क्वांटम प्राप्त करने में असमर्थ कुछ अनुनादक निष्क्रिय रहते हैं, जिसके परिणामस्वरूप कम तापमान पर अपेक्षा से बहुत कम प्रकाश उत्सर्जित होता है। चूँकि छोटी तरंग दैर्ध्य के लिए छोटे क्वांटा की आवश्यकता होती है, छोटी-तरंग दैर्ध्य प्रकाश उत्सर्जित करने वाले अनुनादक विशेष रूप से प्रभावित होते हैं, जिससे रेले के नियम के साथ विसंगति पैदा होती है।

यह दावा करना मूर्खतापूर्ण होगा कि ऐसा सिद्धांत अनेक कठिनाइयाँ प्रस्तुत करता है; इस तरह के साहसिक विचार का प्रस्ताव करते समय, कठिनाइयों का सामना करना अपेक्षित है। हालाँकि, मुझमें उनमें से कुछ को संबोधित करने का साहस होगा, जरूरी नहीं कि वे सबसे स्पष्ट हों, क्योंकि वे पहले से ही सभी के लिए स्पष्ट हैं।

मैंने शुरू में प्रस्तावित प्रदर्शनों के मूल्य पर सवाल उठाया। जबकि हमने विभिन्न ऊर्जा वितरणों को सूचीबद्ध करके उनकी संभावना का मूल्यांकन किया, मुझे आश्चर्य हुआ कि हमने उन्हें समान रूप से संभावित क्यों माना। इसके अतिरिक्त, तापमान, एन्ट्रॉपी और संभाव्यता के बीच ज्ञात संबंध थर्मोडायनामिक संतुलन मानते हैं, जिसे और अधिक स्पष्टीकरण की आवश्यकता है।

विकिरण को सक्षम करने वाले विभिन्न तरंग दैर्ध्य के अनुनादकों के बीच ऊर्जा वितरण के लिए, उन्हें ऊर्जा का आदान-प्रदान करने में सक्षम होना चाहिए। इसके बिना, प्रारंभिक वितरण अनिश्चित काल तक जारी रहेगा, जिससे विकिरण का कोई भी नियम असंभव हो जाएगा। हालाँकि, विनिमय के दो तंत्र इस समस्या को दूर कर सकते हैं: अनुनादकों के बीच परमाणुओं और मुक्त इलेक्ट्रॉनों का

संचलन और डॉपलर-फ़िज़ो सिद्धांत, जहाँ प्रकाश चलते दर्पणों से परावर्तन पर तरंग दैर्ध्य बदलता है।

क्या हम इन तंत्रों के बीच चयन करने के लिए स्वतंत्र हैं? नहीं, दोनों को खेल में आना चाहिए और एक ही परिणाम की ओर ले जाना चाहिए। यदि उनके परिणाम विरोधाभासी होते, तो दुनिया ऊष्मागतिकी के दूसरे नियम को नकारते हुए, विकिरण के विभिन्न नियमों के बीच लगातार दोलन करती रहेगी।

फिर मैंने सबसे पहले टकरावों पर ध्यान केंद्रित करते हुए यांत्रिक क्रिया तंत्र की जाँच की। प्राचीन सिद्धांतों के विपरीत, जो स्वाभाविक रूप से समविभाजन के नियम की ओर ले जाते हैं, हमें यह मानना चाहिए कि मुक्त इलेक्ट्रॉनों और अनुनादकों के बीच टकराव को नियंत्रित करने वाले समीकरणों में एकता के अलावा एक अंतिम गुणक होता है। किसी दिए गए सिस्टम राज्य की संभाव्यता घनत्व को मापने वाला यह गुणक, क्वांटा की परिकल्पना में निरंतर नहीं हो सकता है।

मैं इसके निहितार्थों की गणना करने के लिए आगे बढ़ा और पाया कि प्लैंक का नियम जर्मन भौतिक विज्ञानी के विचारों को पूरी तरह से सही ठहराता है। इसके बाद, मैंने डॉपलर-फ़िज़ो तंत्र की खोज की, जिसमें परावर्तक दीवारों और बंद प्रकाश ऊर्जा वाले एक जंगम पिस्टन के साथ एक बाड़े की कल्पना की गई। पिस्टन को हिलाने से ऊर्जा का वितरण बदल जाएगा, जिससे अपरिवर्तनीय परिवर्तन होंगे और पिछले थर्मोडायनामिक विश्लेषणों को चुनौती मिलेगी। हालाँकि यह विश्लेषण निर्णायक परिणाम नहीं देता है, लेकिन यह ऊर्जा वितरण और विकिरण की जटिलताओं पर प्रकाश डालता है।

हालाँकि, ऐसा प्रतीत होता है कि हम इस प्रकार तर्क कर सकते हैं: मान लीजिए कि ऊर्जा का प्रारंभिक वितरण काले विकिरण से मेल खाता है, जो स्पष्ट रूप से अधिकतम एन्ट्रापी से मेल खाता है। यदि हम पिस्टन को कुछ धक्का देते हैं, तो अंतिम वितरण वही रहना चाहिए, अन्यथा एन्ट्रापी कम हो जाएगी। इसके अलावा, प्रारंभिक वितरण की परवाह किए बिना, बड़ी संख्या में हलचल के बाद, अंतिम वितरण वह होना चाहिए जो अधिकतम एन्ट्रापी देता है, अर्थात, काला विकिरण। हालाँकि, यह तर्क त्रुटिपूर्ण है।

वितरण काले विकिरण के करीब पहुंचता है और इससे किसी भी अधिक विचलन नहीं हो सकता है, क्योंकि गर्मी ठंडे शरीर से गर्म शरीर में बिना किसी समकक्ष के गुजर सकती है। इस मामले में, समकक्ष पिस्टन नज देकर खर्च किया गया कार्य है, जो पंप बॉडी में बंद प्रकाश ऊर्जा को बढ़ाता है, इसे प्रभावी ढंग से गर्मी में परिवर्तित करता है।

यदि परावर्तक पिंड असीम रूप से छोटे और असंख्य होते तो यह कठिनाई उत्पन्न नहीं होती, क्योंकि उनकी गतिज ऊर्जा यांत्रिक कार्य में नहीं, बल्कि ऊष्मा में परिवर्तित हो जाती। इसलिए, यदि प्रारंभिक वितरण काले विकिरण का है, तो इसे अनिश्चित काल तक जारी रहना चाहिए।

आइए स्थिर, परावर्तक दीवारों वाले एक घेरे पर विचार करें जिसमें प्रकाश ऊर्जा और गैस दोनों हों, जिसमें गैस के अणु गतिशील दर्पण के रूप में कार्य करते हों। यदि प्रारंभिक वितरण काले विकिरण से मेल खाता है, तो स्थिति स्थिर होनी चाहिए, जिसका अर्थ है:

1 अणुओं पर प्रकाश की क्रिया से उनके तापमान में परिवर्तन नहीं होना चाहिए।

2 प्रकाश पर अणुओं की क्रिया से वितरण बाधित नहीं होना चाहिए।

श्री आइंस्टीन ने अणुओं पर प्रकाश की क्रिया का अध्ययन किया, उन्हें विद्युत दोलनों के कारण ट्रांसलेशनल गतिज ऊर्जा और ऊर्जा दोनों के साथ छोटे मोबाइल अनुनादक के रूप में माना। हालाँकि, इस दृष्टिकोण ने रेले के नियम को जन्म दिया।

इसके विपरीत, मैंने प्रकाश पर अणुओं की क्रिया की जाँच की। नियमित परावर्तन प्रदान करने के लिए अणु बहुत छोटे होते हैं; वे केवल प्रसार का कारण बनते हैं, जो सिद्धांत और अनुभव से ज्ञात है कि वे आकाश के नीले रंग का उत्पादन करते हैं। थर्मल आंदोलन पर विचार किया जाना चाहिए, जिसे लोरेंत्ज़ के सापेक्षता के सिद्धांत का उपयोग करके समझा जा सकता है। यह विश्लेषण एक दिलचस्प नियम की ओर ले जाता है: परावर्तित या बिखरी हुई प्रकाश ऊर्जा आपतित प्रकाश ऊर्जा के बराबर नहीं होती है; यह ऊर्जा और तरंग दैर्ध्य का उत्पाद है जो स्थिर रहता है।

प्रारंभ में, मैं आशावादी था, क्योंकि ऐसा लगता था कि एक घटना क्वांटम एक विसरित क्वांटम उत्पन्न करेगा, क्योंकि क्वांटा तरंग दैर्ध्य के व्युत्क्रमानुपाती होते हैं। हालाँकि, इस दृष्टिकोण ने अंततः रेले के नियम को जन्म दिया, जिससे प्लैंक के नियम को प्राप्त करने के लिए आवश्यक संशोधन खोजने की मेरीं आशा निराश हो गई।

कोई व्यक्ति समविभाजन के नियम से देखे गए विचलनों के लिए क्वांटम जैसी व्याख्या की तलाश कर सकता है। हालाँकि, यह निर्धारित करना चुनौतीपूर्ण है कि हमारे परिसर से कहाँ विचलन किया जाए। सापेक्षता के सिद्धांत को त्यागना या आराम से अणुओं द्वारा प्रसार के नियम को संशोधित करना दोनों ही महत्वपूर्ण कठिनाइयाँ पैदा करते हैं।

निष्कर्षतः जैसे-जैसे विज्ञान प्रगति करता है, नए तथ्यों को समायोजित करना अधिकाधिक चुनौतीपूर्ण होता जाता है। प्राचीन सिद्धांत, अनेक घटनाओं की व्याख्या करते हुए, आसानी से ख़ारिज नहीं किए जा सकते या संशोधन के बिना बनाए नहीं रखे जा सकते। आवश्यक संशोधन अक्सर इतने अपरंपरागत होते हैं कि हम उन्हें स्वीकार करने में झिझकते हैं। विज्ञान की वर्तमान स्थिति में, हम इन कठिनाइयों को हल किए बिना केवल स्वीकार कर सकते हैं।

अध्याय 8

नैतिकता और विज्ञान

यह अध्याय विज्ञान और नैतिकता के बीच के जटिल संबंधों की पड़ताल करता है। इसमें नैतिकता के लिए वैज्ञानिक आधार स्थापित करने की 19वीं सदी की इच्छा पर चर्चा की गई है, जिसमें नैतिक सत्य को गणितीय प्रमेयों और भौतिक कानूनों के स्तर तक ऊपर उठाने की उम्मीद की गई है। हालाँकि, यह तर्क दिया गया है कि नैतिकता में विज्ञान की भूमिका के बारे में आशाएँ और भय दोनों एक मौलिक व्याकरणिक सिद्धांत के कारण निराधार हैं: विज्ञान, संकेतात्मक होने के कारण, ऐसे प्रस्ताव उत्पन्न नहीं कर सकता है जो कार्रवाई का आदेश देते हैं, नैतिकता की पुष्टि या खंडन करते हैं।

अध्याय आगे नैतिक घटनाओं की जटिलताओं पर प्रकाश डालता है, यह तर्क देते हुए कि नैतिक प्रेरणा का सच्चा स्रोत भावना है, तर्क नहीं। यह सुझाव देता है कि हालांकि विज्ञान सीधे तौर पर पारंपरिक नैतिकता का निर्माण या उसे कमजोर नहीं कर सकता है, लेकिन यह भावनाओं को आकार देकर और नए दृष्टिकोण प्रदान करके अप्रत्यक्ष रूप से नैतिकता को प्रभावित कर सकता है।

अध्याय विज्ञान की नियतिवादी प्रकृति और नैतिकता पर इसके निहितार्थ पर भी चर्चा करता है। यह सुझाव देता है कि यदि नैतिकता को नियतिवाद को समायोजित करना चाहिए, तो यह नष्ट हुए बिना अनुकूलन कर सकता है। अध्याय

यह कहते हुए समाप्त होता है कि शब्द के सख्त अर्थों में कभी भी वैज्ञानिक नैतिकता नहीं होगी, लेकिन विज्ञान अप्रत्यक्ष रूप से नैतिकता का समर्थन कर सकता है। इससे पता चलता है कि जैसे-जैसे नैतिकता और विज्ञान प्रगति करेंगे, वे संभवतः एक-दूसरे के साथ अच्छी तरह से अनुकूलन करेंगे। हालाँकि, यह अधूरे विज्ञान के खतरों के प्रति भी आगाह करता है और वैज्ञानिक दृष्टिकोण से परे मानवता की व्यापक समझ की आवश्यकता पर जोर देता है।

19वीं शताब्दी के उत्तरार्ध में, नैतिकता के लिए वैज्ञानिक आधार स्थापित करने की प्रबल इच्छा थी। लोगों ने न केवल विज्ञान के शैक्षिक मूल्य की प्रशंसा करने की बल्कि गणितीय प्रमेयों और भौतिक कानूनों की निश्चितता के समान नैतिक सत्यों को विवाद से ऊपर उठाने की भी मांग की।

धर्म विश्वासियों पर महत्वपूर्ण प्रभाव डालते हैं, लेकिन आस्था सार्वभौमिक नहीं है; दूसरी ओर, कारण सार्वभौमिक है। आशा यह थी कि विज्ञान तर्क को बढ़ावा देगा और नैतिक सिद्धांत स्थापित करेगा जिसे हर कोई निर्विवाद रूप से स्वीकार करेगा। यह माना जाता था कि विज्ञान, अपनी ठोस नींव और प्रत्यक्ष सत्य के साथ, भौतिकी के नियमों के समान निर्विवाद नैतिक ढांचा तैयार कर सकता है।

इसके विपरीत, कुछ लोग विज्ञान को संदेह की दृष्टि से देखते थे, उन्हें डर था कि इससे अनैतिकता को बढ़ावा मिलेगा। उन्होंने तर्क दिया कि भौतिक संसार में विज्ञान की व्यस्तता श्रद्धा और नैतिकता को नष्ट कर देगी। उन्हें डर था कि वैज्ञानिक खोजें ब्रह्मांड के आश्चर्यों को उजागर कर देंगी, अस्तित्व के विस्मयकारी पहलुओं को कम कर देंगी और उन्हें सांसारिक व्याख्याओं तक सीमित कर देंगी।

हालाँकि, नैतिकता में विज्ञान की भूमिका के संबंध में आशाएँ और भय दोनों अंततः निराधार हैं। इसका कारण एक मौलिक व्याकरणिक सिद्धांत में निहित है।

यदि न्यायवाक्य के दोनों आधार सूचक हों तो निष्कर्ष भी सूचक होगा। निष्कर्ष अनिवार्य होने के लिए, कम से कम एक आधार अनिवार्य होना चाहिए। हालाँकि, विज्ञान के सिद्धांत, जिनमें ज्यामिति के अभिधारणाएँ और प्रयोगात्मक सत्य शामिल हैं, सांकेतिक हैं। अत: उनसे निकला कोई भी निष्कर्ष सांकेतिक भी होगा। इस प्रकार, विज्ञान ऐसे प्रस्ताव उत्पन्न नहीं कर सकता जो नैतिकता की पुष्टि या खंडन करते हुए कार्रवाई का आदेश दे।

यह व्याकरणिक सीमा नैतिकतावादियों के लिए एक दीर्घकालिक चुनौती बनी हुई है। वे नैतिक कानून को प्रदर्शित करने का प्रयास करते हैं, लेकिन विज्ञान केवल यह दिखा सकता है कि कैसे कुछ कार्य कार्रवाई के एक विशिष्ट नैतिक पाठ्यक्रम को निर्धारित किए बिना पतन की ओर ले जाते हैं। तत्वमीमांसा अस्तित्व का एक सार्वभौमिक नियम स्थापित करने का प्रयास करता है, लेकिन व्यक्ति अपने स्वयं के झुकाव का पालन करना पसंद कर सकते हैं।

दैवीय आदेश पर आधारित धार्मिक नैतिकता, देवता के अधिकार के कारण सम्मोहक लग सकती है। हालाँकि, ईश्वरीय आदेशों का पालन वास्तविक नैतिकता के बजाय सत्ता के प्रति समर्पण के रूप में देखा जा सकता है। इसके अलावा, धार्मिक नैतिकता की प्रभावशीलता व्यक्ति के ईश्वर में विश्वास पर निर्भर करती है।

नैतिकता को सांप्रदायिक हित या परोपकारिता पर आधारित करने के प्रयासों को भी चुनौतियों का सामना करना पड़ता है। यह स्पष्ट नहीं है कि व्यक्तियों को सामूहिक भलाई के लिए या दूसरों की खुशी के लिए खुद का बलिदान देना

चाहिए या नहीं। तर्क और विज्ञान इस समस्या का निश्चित समाधान नहीं कर सकते।

संक्षेप में, सभी हठधर्मी या प्रदर्शनकारी नैतिकताओं का विफल होना तय है। नैतिक प्रेरणा का सच्चा स्रोत भावना है। उदाहरण के लिए, अवांछनीय पीड़ा को देखना, करुणा और विद्रोह की भावनाओं को जागृत करता है, जो तार्किक औचित्य की आवश्यकता के बिना कार्रवाई को मजबूर करता है।

विज्ञान सीधे तौर पर नैतिकता का निर्माण नहीं कर सकता या पारंपरिक नैतिकता को कमजोर नहीं कर सकता। हालाँकि, यह भावनाओं को आकार देकर और नए दृष्टिकोण प्रदान करके अप्रत्यक्ष रूप से नैतिकता को प्रभावित कर सकता है। विज्ञान के प्रति प्रेम निःस्वार्थता और सत्य के प्रति प्रतिबद्धता पैदा कर सकता है, जो नैतिकता के लिए मूलभूत हैं। वैज्ञानिक सत्य की खोज पूर्ण ईमानदारी की आदत को बढ़ावा देती है, जो जीवन के सभी पहलुओं तक फैली हुई है और वास्तविक नैतिक चरित्र में योगदान करती है।

असफलता के समय में हमारे आदर्शों की कुलीनता हमें सहारा देती है। हम अन्य आदर्शों पर विचार कर सकते हैं, लेकिन क्या वैज्ञानिक ईश्वर की अवधारणा और अधिक विस्मयकारी नहीं है क्योंकि यह मानवीय समझ से परे है? यह देवता अडिग लग सकता है, जिससे कुछ लोगों को विलाप करना पड़ सकता है, फिर भी इसमें उस क्षुद्रता का अभाव है जो अक्सर धार्मिक देवताओं को दी जाती है। एक अपरिवर्तनीय नियम की धारणा को अपनाना, जिसके लिए हमें अनुकूलित होना चाहिए, फायदेमंद हो सकता है। विचार करें, क्या हमारे ग्रामीण लोगों के लिए यह बेहतर नहीं होगा कि वे प्रभावशाली हस्तियों के हस्तक्षेप के आधार पर सरकारी पक्षपात में अपनी आशा रखने के बजाय एक अटल कानून में विश्वास करें?

जैसा कि अरस्तू ने कहा था, विज्ञान का सरोकार सामान्य से है। एक विशिष्ट घटना का सामना करते हुए, यह व्यापक कानून की तलाश करता है और व्यापक सामान्यीकरण के लिए प्रयास करता है। शुरुआत में महज बौद्धिक आदत के रूप में दिखने वाली इस प्रवृत्ति के नैतिक निहितार्थ हैं। जब कोई व्यक्ति विशिष्टताओं और दुर्घटनाओं की उपेक्षा करने, उन्हें कम महत्व देने का आदी हो जाता है, तो वह उन्हें आसानी से त्यागने के लिए प्रवृत्त हो जाता है। दूर का दृष्टिकोण अपनाने से, व्यक्ति दूरदर्शी बन जाता है, छोटी-छोटी बातों को नज़रअंदाज कर देता है और इस तरह उन्हें जीवन का ध्यान केंद्रित करने में अनिच्छा हो जाती है। विशेष हितों पर सामान्य को प्राथमिकता देने की यह प्रवृत्ति, संक्षेप में, नैतिकता का एक रूप है।

इसके अलावा, विज्ञान एक और वरदान प्रदान करता है – यह एक सामूहिक प्रयास है, जो सदियों से एक स्मारक के निर्माण के समान है, जिसमें प्रत्येक व्यक्ति एक पत्थर का योगदान देता है, कभी-कभी बड़ी व्यक्तिगत लागत पर। यह सामूहिक प्रयास समकालीनों, पूर्ववर्तियों और उत्तराधिकारियों के बीच समान रूप से आवश्यक सहयोग और एकजुटता की भावना पैदा करता है। अनुशासन की यही भावना, जो सैन्य विवेक को आकार देती है और वीरता को प्रेरित करती है, मानवता के प्रति समर्पण को भी बढ़ावा दे सकती है। हमें महज़ एक सैनिक के रूप में अपनी भूमिका का एहसास होता है, जो एक विशाल समग्रता के टुकड़े हैं, जो मानवता को हमारे लिए प्रिय बनाते हैं।

अब, आइए पेशेवरों और विपक्षों पर विचार करें। यदि विज्ञान अब हृदय के मामलों में नपुंसक, नैतिकता के प्रति उदासीन नहीं दिखता है, तो क्या यह अपने लाभकारी प्रभाव के साथ-साथ हानिकारक प्रभाव भी नहीं डाल सकता है? सबसे पहले, प्रत्येक जुनून विशिष्ट होता है। क्या वैज्ञानिक सत्य की खोज के कारण हम

अपने पड़ोसियों के प्रति दया, दया और प्रेम जैसे अन्य गुणों को नज़रअंदाज़ कर सकते हैं? विचार करें कि किसी विपत्ति के बारे में सुनकर, हम पीड़ितों की पीड़ा को नज़रअंदाज़ करते हुए केवल वैज्ञानिक पहलुओं पर कैसे ध्यान केंद्रित कर सकते हैं।

विविसेक्शन पर विचार करें – शरीर विज्ञान में एक विवादास्पद अभ्यास। कई लोग इसका दृढ़तापूर्वक विरोध करते हैं, उनका मानना है कि जीवविज्ञानी, जानवरों के प्रति संवेदनहीन होकर, मनुष्यों के प्रति निर्दयी हो सकते हैं। हालाँकि, यह दृष्टिकोण वैज्ञानिक जाँच में निहित सूक्ष्म नैतिक दुविधाओं की उपेक्षा करता है। हालाँकि ज्ञान मानव प्रगति के लिए महत्वपूर्ण है, लेकिन इसे नैतिक विचारों की कीमत पर नहीं आना चाहिए। हालाँकि जानवर इंसानों से कम संवेदनशील हो सकते हैं, फिर भी वे दया के पात्र हैं। किया गया कोई भी प्रयोग वास्तव में लाभकारी होना चाहिए और कष्ट को कम करने के लिए कदम उठाए जाने चाहिए। अंततः, प्रयोग के संबंध में निर्णय कानूनी आदेशों के बजाय व्यक्तिगत विवेक पर आधारित होने चाहिए, क्योंकि कोई भी प्राधिकारी वैज्ञानिक निर्णय की जटिलताओं को पूरी तरह से नहीं समझ सकता है।

लेकिन मुझे अपने मुख्य बिंदु पर लौटने दीजिए: कुछ लोगों का तर्क है कि विज्ञान अमानवीय है, हमें भौतिक दुनिया से बांध रहा है और कविता की लौ को बुझा रहा है – जो सभी महान भावनाओं का स्रोत है। उनका दावा है कि विज्ञान से प्रभावित आत्माएं मुरझा जाती हैं, कोमलता और उत्साह के प्रति अप्रभावित हो जाती हैं। हालाँकि मैं इस धारणा से असहमत हूँ, यह प्रचलित है और इसका कुछ आधार होना चाहिए, जो दर्शाता है कि हर किसी को समान बौद्धिक पोषण में पोषण नहीं मिलता है।

हमें इसका क्या मतलब निकालना चाहिए? विज्ञान, जब उत्साही शिक्षकों द्वारा व्यापक रूप से समझा और पढ़ाया जाता है, तो वास्तव में नैतिक शिक्षा में महत्वपूर्ण भूमिका निभा सकता है। हालाँकि, इसे विशेष अधिकार देना ग़लत होगा। जबकि विज्ञान लाभकारी भावनाएं पैदा कर सकता है और एक नैतिक दिशासूचक के रूप में काम कर सकता है, अन्य विषय भी बहुमूल्य सहायता प्रदान करते हैं। किसी भी प्रकार की सहायता से बचना मूर्खता होगी; हमारे पास कभी भी बहुत सारे उपकरण नहीं हो सकते। यह एक सामान्य अवलोकन है कि वैज्ञानिक अवधारणाओं के साथ संघर्ष करते हुए कुछ लोग साहित्यिक विषयों में उत्कृष्टता प्राप्त करते हैं। यह विश्वास करना नासमझी है कि यदि विज्ञान उनकी बुद्धि को शामिल करने में विफल रहता है, तो यह उनके दिलों को छू जाएगा।

अपने दूसरे बिंदु पर आगे बढ़ते हुए: विज्ञान न केवल नई भावनाएं उत्पन्न करता है बल्कि मौजूदा भावनाओं को नया आकार भी देता है। हालाँकि हम संकेतात्मक में परिसर और अनिवार्यता में निष्कर्ष के साथ एक सिलोगिज़्म का निर्माण नहीं कर सकते हैं, हम इस तरह से तर्क कर सकते हैं जो कार्रवाई को मजबूर करता है। विज्ञान में परस्पर निर्भरता प्रदर्शित करके परस्पर विरोधी नैतिक भावनाओं में सामंजस्य स्थापित करने की क्षमता है। यदि यह साबित कर सकता है कि एक नैतिक लक्ष्य को प्राप्त करने के लिए दूसरे का अनुसरण करना आवश्यक है, तो यह नैतिकतावादियों को अमूल्य सहायता प्रदान करता है, एक सामान्य कारण के तहत अलग-अलग गुटों को एकजुट करता है।

क्या यही विज्ञान का सार है? कोई केवल आशा ही कर सकता है विज्ञान तेजी से ब्रह्मांड के अंतर्संबंध और सामंजस्य को प्रकट करता है, जो हमें एकता के लिए प्रयास करने के लिए प्रेरित करता है। जिस तरह यह विशेष कानूनों को

व्यापक सिद्धांतों में सुसंगत बनाता है, उसी तरह यह हमारी प्रतीत होने वाली भिन्न और मनमौजी नैतिक आकांक्षाओं को भी एकीकृत कर सकता है।

फिर भी, यदि विज्ञान इस प्रयास में विफल रहता है, तो कौन सा संकट हमारा इंतजार कर रहा है? क्या यह उतना नुकसान नहीं पहुँचा सकता जितना लाभ का वादा करता है? हमारी कोमल भावनाएं, एक बार विश्लेषण के अधीन हो जाएँ, तो जाँच के दौरान ढह सकती हैं, जिससे हमारा मोहभंग हो सकता है। यदि दूसरों की मदद करने के हमारे प्रयास केवल कृतघ्नता और कड़वाहट ही पैदा करते हैं तो दया का क्या प्रयोजन है? यदि देशभक्ति केवल पीड़ा का महिमामंडन करती है तो उसका क्या फायदा? यदि जीवन क्षणभंगुर है तो आत्म-सुधार की चिंता क्यों करें? यदि विज्ञान ऐसी भ्रांतियों पर विश्वास करता है, तो क्या आशा बची है?

इसके अलावा, हमारी आत्माएं हमारे विचारों के धागों से बुनी हुई जटिल टेपेस्ट्री हैं और एक को काटने से पूरे कपड़े को उधेड़ने का जोखिम होता है। जबकि विज्ञान का कर्तव्य पूर्वाग्रह को दूर करना है, यह अनजाने में पुरानी मान्यताओं में निहित महान प्रवृत्तियों को कमजोर कर सकता है। मजबूत आत्माएं इस तूफान का सामना कर सकती हैं, लेकिन सभी लोग परीक्षा का सामना करने के लिए तैयार नहीं हैं।

कुछ लोगों का तर्क है कि विज्ञान विनाशकारी साबित होगा और समाज को बर्बाद कर देगा। फिर भी, क्या इन आशंकाओं में विरोधाभास नहीं है? यदि विज्ञान यह प्रदर्शित करता है कि लंबे समय से चली आ रही प्रथा अनावश्यक है, तो क्या मानवता की नैतिक नींव वास्तव में लड़खड़ाती है? अंततः, यदि हमारा नैतिक तर्क श्रेष्ठ भावनाओं से शुरू होता है, तो इसका समापन नैतिकता के साथ ही होना

चाहिए। जो वास्तव में आवश्यक है वह जाँच का सामना करेगा; यह हमारे नैतिक ताने-बाने की सतही बातें हैं जिनके उजागर होने का खतरा है।

हमें केवल अधूरे विज्ञान से डरना चाहिए, उस प्रकार का जो गलतियाँ करता है; वह जो हमें झूठे वादों से बहकाता है और हमें उस चीज़ को नष्ट करने के लिए प्रतिबद्ध करता है जिसे हम बाद में बनाना चाहते हैं, जब हमें बेहतर जानकारी होती है और बहुत देर हो चुकी होती है। कुछ लोग ऐसे भी होते हैं जो किसी विचार से इसलिए प्रभावित नहीं होते क्योंकि वह सही है, बल्कि इसलिए कि वह नया है, क्योंकि वह ट्रेंडी है; ये भयानक विध्वंसक हैं, लेकिन वे नहीं हैं. मैं कहने जा रहा था कि वे वैज्ञानिक नहीं हैं, लेकिन मुझे एहसास है कि उनमें से कई ने विज्ञान में महत्वपूर्ण योगदान दिया है; वे विद्वान व्यक्ति हैं, लेकिन इस कारण से नहीं, बल्कि इसके बावजूद।

सच्चा विज्ञान जल्दबाजी में सामान्यीकरण, सैद्धांतिक निष्कर्षों से दूर रहता है; यदि भौतिक विज्ञानी उन पर अविश्वास करता है, भले ही वे सुसंगत और मजबूत प्रतीत होते हों, तो नैतिकतावादी, समाजशास्त्री को क्या करना चाहिए, जब समाज की तुलना संगठनों से करने जैसे सिद्धांतों का सामना करना पड़ता है? इसके विपरीत, विज्ञान केवल प्रायोगिक है और हो सकता है और समाजशास्त्र में अनुभव अतीत का इतिहास है; यह परंपरा है कि हमें निस्संदेह आलोचना करनी चाहिए लेकिन मिटाना नहीं चाहिए।

सच्ची प्रयोगात्मक भावना से प्रेरित विज्ञान के साथ, नैतिकता को डरने की कोई बात नहीं है; ऐसा विज्ञान अतीत का सम्मान करता है, नए रुझानों से आसानी से प्रभावित होने वाले वैज्ञानिक दंभ का विरोध करता है; यह

सावधानीपूर्वक लेकिन लगातार सही दिशा में आगे बढ़ता है; अधूरे विज्ञान का सबसे अच्छा उपाय अधिक विज्ञान है।

विज्ञान और नैतिकता के बीच संबंध पर विचार करने का एक और तरीका है; ऐसी कोई घटना नहीं है जो विज्ञान के अधीन नहीं हो सकती, क्योंकि ऐसी कोई घटना नहीं है जिसे देखा न जा सके। नैतिक घटनाएँ कोई अपवाद नहीं हैं। जिस प्रकार प्रकृतिवादी निष्पक्षता के साथ चींटी और मधुमक्खी समाज का अध्ययन करते हैं, उसी प्रकार विद्वान मनुष्यों का मूल्यांकन इस तरह करना चाहते हैं मानो वे मानव ही न हों; स्वयं को सीरियस से दूर के पर्यवेक्षकों के रूप में कल्पना करना, जिनके लिए शहर एंथिल से अधिक कुछ नहीं होंगे। यह उनका अधिकार है, विद्वान होने के नाते उनका कर्तव्य है।

नैतिकता का विज्ञान प्रारंभ में वर्णनात्मक होगा, जो हमें लोगों की नैतिकता के बारे में सूचित करेगा, बिना यह बताए कि उन्हें क्या होना चाहिए। फिर यह तुलनात्मक होगा, हमें अलग-अलग लोगों के रीति-रिवाजों की तुलना करने के लिए, जंगली से लेकर सभ्य तक और अतीत के रीति-रिवाजों की आज के साथ तुलना करने के लिए ले जाएगा। अंततः, इसका लक्ष्य व्याख्यात्मक होना, सभी विज्ञानों का स्वाभाविक विकास होना होगा।

डार्विनवादी यह समझाने की कोशिश करेंगे कि सभी ज्ञात समाज नैतिक कानूनों का पालन क्यों करते हैं, इसके लिए प्राकृतिक चयन को जिम्मेदार ठहराते हुए उन लोगों को खत्म कर देते हैं जिन्होंने इसकी अवहेलना करने का साहस किया। मनोवैज्ञानिक स्पष्ट करेंगे कि नैतिक नुस्खे कभी-कभी सामान्य हित के साथ टकराव क्यों करते हैं और इसके लिए जीवन के बवंडर को जिम्मेदार ठहराते हुए गहन चिंतन के लिए समय नहीं छोड़ते हैं। इतिहासकार बताएंगे कि व्यक्ति

को समाज के अधीन करने वाली नैतिकता और व्यक्ति के साथ सहानुभूति रखने वाली नैतिकता के बीच, समाज के विकसित होने के साथ-साथ नैतिकता क्यों आगे बढ़ती है।

नैतिकता का यह विज्ञान नैतिकता नहीं है; यह कभी एक नहीं होगा; यह किसी भी तरह से नैतिकता का स्थान नहीं ले सकता, जिस प्रकार पाचन शरीर क्रिया विज्ञान पर एक ग्रंथ एक अच्छे भोजन का स्थान ले सकता है। अब तक मैंने जो कहा है, वह मुझे आगे विस्तार से छूट देता है।

लेकिन बात यह नहीं है; यह नैतिकता के बारे में नहीं है बल्कि यह नैतिकता के लिए उपयोगी या हानिकारक हो सकता है या नहीं। कुछ लोग तर्क देते हैं कि स्पष्टीकरण हमेशा, कुछ हद तक, औचित्य होता है और इस तर्क में दम है; दूसरों का तर्क है कि विभिन्न जातियों और क्षेत्रों में नैतिकता की विविधता दिखाना खतरे से भरा है, जो बिना किसी सवाल के स्वीकार किया जाना चाहिए उस पर सवाल उठाने की संस्कृति को बढ़ावा देता है। और शायद वे पूरी तरह ग़लत नहीं हैं। लेकिन, ईमानदारी से कहूं तो, क्या यह सतही सिद्धांतों, अमूर्तताओं के प्रभाव को बढ़ा-चढ़ाकर पेश नहीं कर रहा है जो हमेशा मानवीय अनुभव से अलग रहेंगे? जब भावनाएँ, नेक और नीच दोनों, हमारे विवेक के लिए होड़ करती हैं, तो आकस्मिक और आवश्यक के बीच का आध्यात्मिक अंतर वास्तव में कितना महत्व रख सकता है?

फिर भी, मेरे पास सीमित समय होने के बावजूद, मैं एक महत्वपूर्ण बिंदु को नज़रअंदाज नहीं कर सकता। विज्ञान नियतिवादी है; यह एक प्राथमिकता है; यह नियतिवाद को मानता है, क्योंकि इसके बिना विज्ञान का अस्तित्व नहीं हो सकता। यह भी एक पश्चगामी है; यह अपने अस्तित्व से ही नियतिवाद को प्रदर्शित करता

है, प्रत्येक विजय नियतिवाद की जीत होती है। शायद सुलह संभव है; क्या हम यह स्वीकार कर सकते हैं कि नियतिवाद की यात्रा दुर्गम बाधाओं का सामना किए बिना, निर्बाध रूप से जारी रहेगी, जबकि पूर्ण नियतिवाद को अपनाने से परहेज किया जाएगा, जो अंततः तनातनी या विरोधाभास में बदल जाएगा? इस प्रश्न पर बिना किसी समाधान के सदियों से विचार किया जा रहा है और समय की कमी को देखते हुए मैं इस पर गहराई से विचार नहीं कर सकता।

हालाँकि, हम एक तथ्य का सामना करते हैं: विज्ञान, सही या गलत, नियतिवादी है; यह जहाँ भी जाता है, यह नियतिवाद का परिचय देता है। हालाँकि यह भौतिकी या यहाँ तक कि जीव विज्ञान में अप्रासंगिक है, चेतना का क्षेत्र अछूता रहता है; क्या होगा जब नैतिकता, बदले में, वैज्ञानिक जाँच का विषय बन जाएगी? यह अनिवार्य रूप से नियतिवाद से ओत-प्रोत हो जाएगा, जो इसके अंत का कारण बन सकता है।

क्या सब कुछ नष्ट हो गया है या नैतिकता, यदि उसे एक दिन नियतिवाद को समायोजित करना पड़े, बिना नष्ट हुए अनुकूल हो सकती है? इस तरह की गहन आध्यात्मिक क्रांति का नैतिकता पर अनुमान से कम प्रभाव पड़ने की संभावना है। आपराधिक दमन को छोड़ दें, तो समाज का अपनी रक्षा करने का अधिकार बरकरार रहेगा। गुण और दोष की अवधारणाओं का परिवर्तन या लुप्त होना अधिक महत्वपूर्ण होगा। फिर भी, वृत्ति सभी तत्वमीमांसा से अधिक मजबूत है और यदि हम इसके रहस्यों को उजागर भी कर लें, तो भी इसकी शक्ति कम नहीं होगी। क्या न्यूटन के बाद से गुरुत्वाकर्षण कम आकर्षक हो गया है? जो नैतिक शक्तियाँ हमारा मार्गदर्शन करती हैं, वे ऐसा करना जारी रखेंगी।

और यदि स्वतंत्रता की धारणा स्वयं एक शक्ति है, जैसा कि फ़ौइली का सुझाव है, तो यह शक्ति शायद ही कम होगी, भले ही वैज्ञानिक यह प्रदर्शित करें कि यह पूरी तरह से भ्रम पर टिकी हुई है। यह भ्रम इतना गहरा है कि केवल तर्क से दूर नहीं किया जा सकता। सबसे दृढ़ नियतिवादी, लंबे समय तक, रोजमर्रा की बातचीत में, “मुझे चाहिए” और यहाँ तक कि “मुझे चाहिए” कहना जारी रखेगा और यहाँ तक कि अपनी आत्मा के सबसे शक्तिशाली हिस्से के साथ ऐसा सोच सकता है, वह हिस्सा जो सचेत नहीं है और तर्क नहीं करता जब हम कार्य करते हैं तो एक स्वतंत्र व्यक्ति की तरह कार्य न करना उतना ही असंभव है, जितना कि जब हम विज्ञान में संलग्न होते हैं तो एक नियतिवादी की तरह तर्क करना नहीं।

इस प्रकार, भूत उतना भयानक नहीं है जितना अक्सर चित्रित किया जाता है और शायद इससे न डरने के अन्य कारण भी हैं; हम आशा कर सकते हैं कि अंततः सब कुछ सुलझ जाएगा और अनंत बुद्धिमत्ता के साथ, दो दृष्टिकोण – एक ऐसे व्यक्ति का जो ऐसा कार्य करता है जैसे कि वे स्वतंत्र थे और एक ऐसे व्यक्ति का जो सोचता है जैसे कि स्वतंत्रता अस्तित्वहीन थी – दोनों ही प्रतीत होंगे वैध।

विभिन्न दृष्टिकोणों की जाँच करने के बाद, जिनसे हम विज्ञान और नैतिकता के बीच संबंधों पर विचार कर सकते हैं, अब हमें निष्कर्ष निकालना चाहिए। शब्द के सख्त अर्थों में वैज्ञानिक नैतिकता न तो है और न ही कभी होगी, लेकिन विज्ञान, अप्रत्यक्ष रूप से, नैतिकता का समर्थन हो सकता है; मोटे तौर पर समझा जाए तो विज्ञान केवल इसमें सहायता कर सकता है; अधूरा विज्ञान ही दुर्जेय है; हालाँकि, केवल विज्ञान ही पर्याप्त नहीं हो सकता, क्योंकि यह केवल मानवता के एक हिस्से को ही देखता है या, यदि आप चाहें, तो यह हर चीज़ को देखता है, लेकिन

एक ही दृष्टिकोण से; और इसलिए भी कि हमें उन दिमागों पर विचार करना चाहिए जो वैज्ञानिक नहीं हैं। दूसरी ओर, अत्यधिक विशाल आशाओं की तरह डर भी मुझे उतना ही भ्रामक लगता है; जैसे-जैसे नैतिकता और विज्ञान प्रगति करेंगे, संभवतः वे एक-दूसरे के साथ अच्छी तरह तालमेल बिठा लेंगे।

अध्याय 9
नैतिक संघ

"नैतिक संघ" शीर्षक वाला यह अध्याय, व्यक्तिगत मान्यताओं की विविधता के बावजूद नैतिकता में एकता के विचार की पड़ताल करता है। यह युद्ध के समय सेना के अनुशासन के समान मानवता के अस्तित्व के लिए आवश्यक अनुशासन के रूप में नैतिकता की अवधारणा पर चर्चा करता है। अध्याय का तर्क है कि जहाँ नैतिकता के मामले में तर्क करना व्यर्थ है, वहीं मानवीय भावनाएं एक शक्तिशाली शक्ति के रूप में काम करती हैं जिनका उपयोग किया जा सकता है और नैतिक लक्ष्यों की ओर निर्देशित किया जा सकता है।

अध्याय आगे नफरत और विभाजन के खतरों पर चर्चा करता है, एक सामान्य नैतिक आदर्श की खोज में आपसी समझ और सम्मान की आवश्यकता पर जोर देता है। यह सुझाव देता है कि तरीकों में विविधता आवश्यक है और दोष खोजने का कारण नहीं होना चाहिए। अध्याय व्यक्तियों के परस्पर विरोधी विचारधाराओं के संपर्क में आने के संभावित खतरों और उनके नैतिक आदर्शों को खोने के जोखिम पर भी प्रकाश डालता है।

अध्याय विभिन्न मान्यताओं वाले व्यक्तियों के बीच आपसी समझ और सम्मान को बढ़ावा देने में नैतिक शिक्षा लीग की भूमिका पर चर्चा करके समाप्त होता है। इससे पता चलता है कि अलग-अलग वर्दी पहनने के बावजूद, सभी

व्यक्ति एक ही सेना के सैनिक हैं, एक-दूसरे के साथ लड़ रहे हैं। अध्याय इस बात पर जोर देता है कि हालांकि व्यक्ति साधनों पर असहमत हो सकते हैं, लेकिन वे सभी नैतिक अच्छाई के एक ही अंतिम लक्ष्य को साझा करते हैं। इस प्रकार, जब नैतिकता की बात आती है तो यह अध्याय विविधता में एकता के महत्व को रेखांकित करता है।

आज की सभा बहुत अलग-अलग विचारों वाले व्यक्तियों को एक साथ लाती है, जो केवल साझा सद्भावना और अच्छाई की पारस्परिक इच्छा से एकजुट होते हैं। इन मतभेदों के बावजूद, मुझे इसमें कोई संदेह नहीं है कि वे सहजता से सामंजस्य बिठा लेंगे, क्योंकि भले ही वे साधनों पर असहमत हों, लेकिन उन सभी का अंतिम लक्ष्य एक ही है।

हाल ही में, पेरिस में पोस्टरों ने "नैतिकता के संघर्ष" पर एक सम्मेलन का विज्ञापन किया है। क्या ऐसा कोई संघर्ष सचमुच अस्तित्व में है या होना चाहिए? नहीं, नैतिकता अनेक कारणों से अपना आधार पा सकती है; कुछ उत्कृष्ट हो सकते हैं, शायद सर्वोत्तम और श्रेष्ठतम, लेकिन वे अक्सर बहस का विषय होते हैं। हालाँकि, कम से कम एक कारण है, शायद अधिक व्यावहारिक, जिस पर हम सभी सहमत हो सकते हैं।

जीवन मानवता के लिए निरंतर चलने वाला संघर्ष है; इसे दुर्जेय, यद्यपि अंधी, ताकतों का सामना करना पड़ता है जो इसे कुचलने और इसके पतन की धमकी देती हैं। हालाँकि हम सापेक्षिक शांति के दौर का अनुभव कर सकते हैं, यह केवल इसलिए है क्योंकि हमारे पूर्ववर्तियों ने अथक संघर्ष किया। यदि हम अपनी सतर्कता में ढिलाई बरतते हैं, तो हमें वह सब खोने का जोखिम है जिसके लिए उन्होंने संघर्ष किया है। मानवता युद्धरत सेना के समान है और किसी भी

सेना की तरह, इसमें अनुशासन की आवश्यकता होती है। इस अनुशासन का पालन न केवल संघर्ष के समय में बल्कि शांति के समय में भी किया जाना चाहिए; इसके बिना हार अवश्यंभावी है।

अस्तित्व की लड़ाई में नैतिकता मानवता के अनुशासन के रूप में कार्य करती है। यदि मानवता इस अनुशासन को भूल जाए, तो उसे युद्ध शुरू होने से पहले ही हार का सामना करना पड़ेगा और वह बुराई की खाई में गिर जाएगी। इसके अलावा, इसमें नैतिक गिरावट, कमी और कम सुंदरता का अनुभव होगा। हमें न केवल आने वाली आपदाओं से परेशान होना चाहिए, बल्कि इसके परिणामस्वरूप होने वाली सुंदरता के धूमिल होने से भी परेशान होना चाहिए।

इन मूलभूत बिंदुओं पर हम सभी सहमत हैं, हम सभी अपनी मंजिल से अवगत हैं। तो जब रास्ता चुनने की बात आती है तो हम खुद को क्यों विभाजित करते हैं? यदि तर्क मात्र से ही इसका समाधान हो जाए तो सहमति आसानी से प्राप्त हो जाएगी। गणितज्ञ कभी भी इस बात पर विवाद नहीं करते कि किसी प्रमेय को कैसे सिद्ध किया जाना चाहिए, लेकिन यह मामला पूरी तरह से अलग है। नैतिकता पर तर्क लागू करना व्यर्थ है; ऐसे मामलों में, ऐसा कोई तर्क नहीं है जिसका कोई प्रतिवाद न खोजा जा सके।

एक सैनिक को हार के खतरों के बारे में समझाने का प्रयास करें और यह कैसे व्यक्तिगत सुरक्षा को खतरे में डालता है; वे बस यह जवाब दे सकते हैं कि यदि अन्य लोग लड़ते हैं तो सुरक्षा की बेहतर गारंटी है। सैनिक उन ताकतों से प्रभावित होते हैं जो सभी तर्कों को शांत कर देती हैं। हमें ऐसी ताकतों की जरूरत है। ' मानव आत्मा ऐसी शक्तियों का एक असीम भंडार है, प्रेरक ऊर्जा का एक उपजाऊ स्रोत है। ये ताकतें भावनाएँ हैं और नैतिकतावादियों को इनका उपयोग

करना चाहिए और इन्हें सही दिशा में ले जाना चाहिए, ठीक उसी तरह जैसे इंजीनियरों ने प्राकृतिक ऊर्जा को औद्योगिक उद्देश्यों के लिए नियंत्रित किया है।

हालाँकि, इन ताकतों का दोहन करने के लिए इस्तेमाल की जाने वाली विधियों में विविधता उत्पन्न होती है। इंजीनियर मशीनरी को संचालित करने के लिए भाप या हाइड्रोलिक पावर का परस्पर उपयोग कर सकते हैं; इसी प्रकार, नैतिक शिक्षक आवश्यकतानुसार विभिन्न मनोवैज्ञानिक शक्तियों को जागृत कर सकते हैं। प्रत्येक व्यक्ति स्वाभाविक रूप से उस शक्ति का चयन करेगा जिसे वे अपने भीतर महसूस करते हैं। बाहरी ताकतों को अनाड़ी ढंग से नियंत्रित करने का प्रयास उन्हें अप्रभावी बना देगा। हथियारों में विविधता के लिए तरीकों में विविधता की आवश्यकता होती है, तो हमें एक-दूसरे को दोष क्यों देना चाहिए?

फिर भी, उपकरणों की विविधता के बावजूद, सिखाई गई नैतिकता सुसंगत बनी हुई है। चाहे कोई सामान्य उपयोगिता पर जोर दे, दया की अपील करे या मानवीय गरिमा को रेखांकित करे, अंतिम परिणाम हमेशा एक ही होता है: राष्ट्रों के अस्तित्व, पीड़ा की रोकथाम और मानवता के संरक्षण के लिए महत्वपूर्ण उपदेश।

तो जो लोग अलग-अलग हथियारों से लैस हैं, एक ही प्रतिद्वंद्वी से लड़ रहे हैं, उन्हें शायद ही कभी याद रहता है कि वे सहयोगी हैं? कुछ लोग दूसरों की हार पर खुशी क्यों मनाते हैं? प्रत्येक हार शाश्वत शत्रु की विजय है और साझी विरासत को कमजोर करती है। हमें अपनी सारी शक्ति चाहिए; इसलिए, हम इसमें से किसी की भी उपेक्षा नहीं कर सकते। हम दूसरों को हतोत्साहित नहीं करते; हम केवल नफरत की निंदा करते हैं।

नफरत शक्तिशाली होते हुए भी अव्यावहारिक है, क्योंकि यह अंधा कर देती है और कम कर देती है। अंतरसमूह संघर्षों में भी, घृणा से प्रेरित देशभक्ति हानिकारक है। फ्रांसीसी सेनाएँ ऐतिहासिक रूप से किसी चीज़ के लिए लड़ती थीं, किसी के विरुद्ध नहीं और उनकी वीरता कम नहीं हुई थी। हालाँकि, जब पार्टियाँ पूरी तरह से नफरत पर ध्यान केंद्रित करती हैं, तो क्षितिज संकीर्ण हो जाता है, बादल चोटियों को अस्पष्ट कर देते हैं और घृणित तरीके अपनाए जाते हैं। आत्माएं झूठ और नफरत से भस्म हो जाती हैं और महान आदर्श भूल जाते हैं। ऐसे विरोध के सामने, हम किसी एक की हार की कामना करने से झिझकते हैं, इस डर से कि इससे दूसरों को बढ़ावा मिलेगा।

घृणा से कुछ भी लाभ नहीं होता; इस प्रकार, हमें एक समान आदर्श की खोज में करीब आना चाहिए, एक-दूसरे को समझना चाहिए और एक-दूसरे का सम्मान करना चाहिए। हमें सभी पर एक समान तरीके थोपने से बचना चाहिए, क्योंकि एकरूपता प्रगति को अवरुद्ध करती है और ठहराव को जन्म देती है। पुरुष विविध हैं; कुछ लोग एक ही शब्द से प्रभावित हो जाते हैं, जबकि अन्य उदासीन बने रहते हैं। हम यह अनुमान नहीं लगा सकते कि कौन सा शब्द किसके साथ प्रतिध्वनित होगा और इसलिए हमें सावधानी बरतनी चाहिए। हालाँकि, हमें इस खतरे को भी स्वीकार करना चाहिए: परस्पर विरोधी विचारधाराओं के संपर्क में आने वाले व्यक्तियों को गहरे बदलावों से गुजरना पड़ सकता है, जिससे उनके नैतिक आदर्शों के खोने का खतरा हो सकता है।

इस खतरे को कम किया जा सकता है अगर हम आपसी समझ को बढ़ावा देते हुए दूसरों के ईमानदार प्रयासों के बारे में सम्मानपूर्वक बात करना सीखें। यह सम्मान तब आसान हो जाता है जब हम वास्तव में एक दूसरे को जानते हैं।

और यही बिल्कुल नैतिक शिक्षा लीग का लक्ष्य है। आज की सभा और यहाँ दिए गए भाषण यह प्रदर्शित करते हैं कि दूसरों की मान्यताओं का सम्मान करते हुए उत्कट मान्यताओं को बनाए रखना संभव है। अलग-अलग वर्दी पहनने के बावजूद, हम सभी एक ही सेना के सैनिक हैं, एक-दूसरे के साथ लड़ रहे हैं।

~समाप्त~

www.ingramcontent.com/pod-product-compliance
Lightning Source LLC
LaVergne TN
LVHW100838051026
849519LV00006B/2350
* 9 7 8 9 3 5 9 5 7 7 2 6 5 *